準備する力

夢を実現する逆算のマネジメント

〈文庫改訂版〉

川島永嗣

角川文庫
18510

目次

文庫版まえがき

「オーオー、オーオー、シナン・ボラット、オーオー、シナン・ボラット」

2013年5月12日、ベルギーでの最終王者を決めるプレーオフ1でのクラブ・ブルージュ戦。前半、3点のリードを許してロッカールームに引き返す僕に、スタジアム全体が、トルコ代表で、これまで3年間、スタンダール・リエージュのゴールマウスを守り続けてきた守護神の名前を連呼する。クラブ・ブルージュに3点を先に奪われたスタジアムのフラストレーションは僕に向けられた。四面楚歌《しめんそか》。その合唱が響くスタジアム全体のどこを見渡しても自分を守ってくれる人はいない。チームメイトも、ゴールキーパーコーチも……だ。このプレーオフの期間中、どんな形であれ、点を決められれば、他のキーパーの名前をサポーターに呼ばれ、自分のスタイルを理解してくれる人は、周りに誰ひとりいなかった。

「なんで自分はこんな思いをしてまでここにいるんだ」
「なぜ自分はここまで批判されなければいけないんだ」
「どうして自分が納得いくプレーすらできないのか」

そんな思いが巡りめぐっていく。2年間プレーしたリールセを離れ、優勝を争うスタンダール・リエージュにステップアップできたと思い、大きな期待を抱いてスタートした2012―13シーズンは、何の達成感も得ることなく終わった。いや、むしろ何かを失ってしまった。そんな感覚を全身に染み込ませて終わっていった。

ベルギーで最初にプレーをしたリールセでは、試合に出ることが当たり前だった。(2部から昇格したばかりの)基盤の弱いクラブで、勝てないどころか、負ける試合の方が多く、どんな試合でも自分はぶれずにいいパフォーマンスを出すことだけを考えていた。しかし、移籍してきた名門チームであるスタンダール・リエージュでは、常に勝利が求められ、チームを優勝に導くような、より質の高いパフォーマンスを求められた。チームには、チームのリーグ優勝やチャンピオンズリーグ出場に大きく貢献したトルコ代表のゴールキーパー、シナン・ボラットがいた。そして、2シーズン目となる今年は、フランスリーグで2位にノミネートされたゴールキーパー、ヨアン・テュラムが移籍してきた。

そういうヨーロッパの中のゴールキーパー競争に入っていったのである。求められるものがより大きくなったし、かつて日本にいてヨーロッパで日本人のゴールキーパーとして活躍することを夢見ていた自分も、そういった目で、見られるようになった。

2010年の南アフリカW杯の後、念願の欧州移籍を果たしてから、今シーズンでベルギーでのシーズンも4シーズン目になる。本当に毎シーズンいろんな出来事が起こるし、一日として、同じような日はなく、刺激に満ちた日々である。

移籍と同時に住まいも前に住んでいたリールからリエージュに引っ越した。リエージュは、ベルギーの南部を占めるワロン地方の中心都市である。同じベルギーだが、公用語はフランス語になり、今まで使っていた英語は、この街では全く通じない。また、街が変われば住む人のキャラクターも変わる。この街のメンタリティは、オランダ語圏のフラマン地方の真面目で少しシャイな感じとは違って、オープンで気さくで、仕事を少しサボってでも人生を楽しむような、ラテン系のような雰囲気がある。昔は、鉄鋼で栄えた街ということが影響しているのか、血気盛んなサポーター達は本当に熱狂的だ。

「ようこそ地獄へ」

スタジアムに書かれた、そんなフレーズがピッタリ合うように相手チームには容赦ないブーイングが降り注がれる。そして、少しでもプレーに迷いがあれば、その矛先はスタンダールの選手にも容赦なく降り注がれる。独特の雰囲気だ。ただそれとは反対に、素晴らしいプレー、勝った試合の時の応援は（ベルギーのどのクラブと比べても）格別だ。

3年前に書いたこの『準備する力』が文庫化されることになり、僕は、このまえがきを書いている。一冊の本を書き終え、最後の1ページを閉じた時、人生の新たな章が始まる。新しく開いたページから、その先を見据え、思い描き、そのために準備し続けた先の新しい物語が、また1ページ1ページと刻まれていく。新たに出逢《であ》う景色、経験、感覚。しかし、それまで書いてきた章が色褪《いろあ》せることはない。それまでの出来事がそれから先の物語をより面白いものにしてくれる。

正直、昨シーズンが終わった頃から僕は、これ以上日本人のゴールキーパーとして自分が先に進むことができるのだろうかと、考え続けてきた。

4年前、僕は、「世界で日本人のゴールキーパーとして認められるには、まずはヨーロッパという土地でプレーして自分を見せないとだめだ」と大きな決断をしてベルギーに渡り、さらにここからのステップアップを考えていた。「日本人のフィールドプレーヤーと同じように、トップリーグでプレーしたい」と。それがいつも自分を支えていたし、大きなモチベーションだった。しかし、現実はと言えば、ベルギー国内のステップアップですら周りを納得させることができず、自分の芯《しん》がどこにあるのかさえわからない状態になっていた。

よく、原点を忘れない、原点に戻る、という言葉がある。僕にとって、この本は、ヨーロッパに挑戦するまで、そして日本代表としてゴールマウスを守るために自分がどのように考えて目の前の状況を乗り越えてきたかという、原点でもある。

どうして自分はここにいるのか、なぜ批判されてもピッチに立ち続けるのか、どうしたらさらに上の自分に辿《たど》り着けるのか。

この本の1ページ1ページをめくるように、僕は、困難が目の前に立ちはだかった時、少しずつ原点を思い返していた。思えば、ベルギーに来るのですら、今までにない大きな決断をしてやっとの思いで辿り着いたのだ。日本代表としてW杯に出る道のりの中でもたくさんの出来事があったし、アジアカップで優勝した時も、どん底にいた自分に勝利の喜びを言い聞かせていた。

今、読者の皆さんと一緒にもう一度、原点を振り返るつもりで、この本を読み進めていきたい。新しいものを手にするための準備をするために、そして皆さんの経験と照らし合わせながら、共に1ページ、1ページ。

2014年春　川島永嗣

プロローグ

スタジアムへ向かうバスの中から、音楽を聴きながら外の景色を眺める。

通り過ぎる広大な牧場には、牛の群れがまばらに広がり、思い思いに草を食べている。日本なら夕方に沈む太陽も、ヨーロッパの夏場は、夜の22時近くまで輝きを残してくれる。さえぎるものが何もないそんな景色が、夕方にもかかわらず明るい空をより大きく、そして広く感じさせてくれるのだ。

バスが、スタジアムのある街中に入っていくと、レンガ造りでありながら繊細な建物が並び、小さくて可愛い街並みに変わっていく。選手が着く頃には、ほとんど人のいないスタジアムも、試合が始まる頃になるとサポーターで埋まり、時に、お互いのチームが、まるでこれから戦争でもするかのような、日本では味わえない独特の雰囲気に変わっていく。

日本でプレーしていた時とは、目に映る景色がまるで違う。

そんな長閑《のどか》な景色を眺めながら、ふと今と過去、そして未来をつなぎ合わせてみた。

自分の人生を変えた南アフリカのワールドカップから、1年が過ぎ去った。その半年前に決断をした海外移籍。今バスの窓から眺めている景色は、過去でもあり未来でもある。この広大なシーンは、自分が思い描いてきた過去の延長線上でもあり、まだ見ていない未来の景色へと続く延長線上でもある。

ゴールキーパーは、サッカーという手を使ってはいけないスポーツの中で唯一手が使える特殊なポジションだ。そして選手の中で唯一、ピッチで起きているすべてのことを見ることができる。時にゴールキーパーは孤独だといわれるが、それは絶対にミスが許されず、最後の最後の責任をすべて背負っているからなのかもしれない。

僕は、小さい頃から、ゴールを決めて注目を浴びるストライカーでもなく、芸術的なアシストをするミッドフィルダーでもなく、ゴールキーパーというポジションに憧《あこが》れていた。家の前で近所の仲間とサッカーをしていた時も、固いコンクリートの上でさえ仲間のシュートを止めるのが大好きだった。

そんなゴールキーパーというポジション柄、僕は昔から常に自分と向き合ってきた。時に自分の感情の赴くまま、時に冷徹に。

フィールドの後ろからチーム、そして試合全体を見るように、自分自身のこともそうやって客観的に、時に主観的に見つめてきた。

昔から本を書きたいと思っていた。僕自身も本を読むことが好きで、他の人の考え方や、歩んできた道のりを知ることに興味を抱いたし、本のストーリーを、いつも自分の人生に照らし合わせて読んでいたからだ。いろんなジャンルの人たちの本を読んだり、話を聞いたりすることで自分自身が刺激を受けた。だからいつか、自分が上へ上へと目指しているこの経験を、同じ向上心を持っている人たちや、逆にうまくいかなくて悩んでいる人たちと共有したいと思っていた。

誰の人生も平坦《へいたん》ではない。僕の人生も同じだ。南アフリカのワールドカップやアジアカップで僕のことを知った人も少なくないと思うが、そこまでの過程には、いつも試合に出られない自分がいた。そんな平坦ではない僕自身の経験を皆さんと共有することで、僕自身も読者の皆さんも、少しでも何かを考えるきっかけになれればいい。そういう思いで、今回この本を書き始めた。

この本の副題は、「夢を実現する逆算のマネジメント」とした。サッカー選手が、逆算のマネジメント論を語ることは、読者の皆さんにしてみれば、しっくりこないかもしれない。

でも僕は、目標とするビジョンを掲げ、試合に出ていなかった時も、自分の描いた目標から遥《はる》か離れた場所にいた時も、どうすれば一歩でも、そこに近づくことができるか、最後には辿《たど》り着けるのかを考え、常に100％の情熱を持って努力をしてきた。そして、サッカーを通して、自分の人生を通して、僕自身が幸せに生きることを学んでいる。

賢者は、自分の経験を通してだけではなく、他人の経験を通しても学ぶことができるという。僕自身は賢者という言葉にふさわしい人間ではないかもしれないが、自分の経験が、この本を読む皆さんの経験になってもらえれば、これほどうれしいことはない。

僕はサッカー選手としても、一人の川島永嗣としても、小さい頃、自分が思い描いてきた情景を追い続けている。ぼんやりと見ていたものに輪郭をつけていき、やがて、美しく、まるで印象派の絵のように鮮やかにしていく。昔、ぼんやり持っていたサッカー選手になりたい、海外に住みたい、外国語を話せるようになりたい、という目標を自分の中で明確にしていき、その目標から逆算して今の自分を考えてみる。その間には、どんなギャップがあるのか、どうやってそれを埋めていくのか。

未来は、現在と過去の延長線上に存在している。僕はいつもこう考える。過去を書きかえることはできないが、未来を書きかえることはできる。だからこそ、今というその瞬間が大切なのだと。

正直に言えば、僕は自分のことを語るのが好きな方ではない。でも今回、自分の人生観を一冊の本にまとめることによって、様々な人たちと考え方を共有したいと思った。

この本を手にしていただくのは、これから、もっと上を目指したいと思っている人、なかなか人生がうまくいっていない人、もしくは、明日のご飯をおいしく作りたいと思っている主婦の方なのかもしれない。伝えたいのは、何を目標にするかではなく、そこへの到達方法を試行錯誤し、100%全力で向かう姿勢こそが大切だということだ。

僕の人生も、まだ道半ばだ。まだまだ、学ばなければいけないことがたくさんある。この本の出版が、読者の皆さんと共に考え、そして僕自身が、自分をみつめ直すきっかけになればいいとも考えている。だから、これまで語ってこなかった僕の考えや、今までの困難を自分自身がどう乗り越えてきたかについて、扉を開いて書こうと思う。

２０１１年夏　川島永嗣

第1章　強い心をつくるためのマネジメント

ピンチの時ほど我慢して100%の努力をする

心の火は小さくなってもいいが消してはならない

僕は、何事にも決して屈することのない鋼のハートなど持っていない。弱い人間である。

だが、そういう自分の弱さを認めたところからすべてが始まるのだ。

何かがうまくいかない時に、自分の心を折って、落ちてしまうことは簡単だ。その苦しさを耐え忍ぶことは難しい。ただ、そこで一度、ドン底まで落ちてしまうと、再び同じ場所まで這《は》い上がってくるためのエネルギーや時間は、相当な量が必要になる。そのエネルギーとパワーを考えると、その場所で、あきらめずに耐えた方が楽だと思う。

辛《つら》いことがあった時は、できるだけ、その一瞬を耐えてみるべきだ。

また元の場所にすぐに戻らなくてもいい。少しずつ戻っていけばいい。心の火を一度消してしまうと、再点火する作業は生半可ではない。火は小さくなってもいいから消してはならない。それは、今でも変わらぬ信念だ。

ビジネスマンの左遷、学生の受験失敗、就職の失敗、失恋……。

人生には試練が待っている。

そこで意欲を失い、不貞腐《ふてくさ》れても、プラスは何もない。僕の場合で言えば、練習の手を抜き、いつも100％全力という自らの信念を裏切れば、それは、いずれ自分に跳ね返ってくる。窮地に陥った時に、マイナスの方向に向かわず、そこで耐えてみる。例えば練習でも100％全力で続ければ、それは、いつかプラスとして返ってくるものである。また、その姿を見てくれた周囲の人たちも、サポートしてやろうと思ってくれるかもしれない。

ピンチの時ほど、自分が弱い人間であることを自覚した上で、100％全力の努力をしてみるのだ。

心を折った経験

今だから告白するが、心を折ってしまった体験がある。「ピンチになった時こそ、我慢して100％の努力をする」という信念を持てるようになったのは、この最悪の体験があるからだ。気力を失い、メンタルをドン底まで落としてしまった経験……それは、南アフリカのワールドカップアジア予選のオーストラリア戦で起きた。僕は、その日、スターティングラインアップから外されたのである。

忘れもしない2009年2月11日、日産スタジアムで行われたオーストラリア戦である。その年の1月にあったアジアカップのイエメン、バーレーン戦では、日本代表のレギュラーキーパーだった楢《なら》さん（楢崎正剛《ならざきせいごう》＝名古屋グランパス）が故障していたという事情もあって、僕が、ゴールマウスを任されていた。だが、そのアジアカップのアウェーのバーレーン戦に0-1で敗れて帰国すると、2月4日に組まれていたフィンランドとの親善試合のスタメンには、僕ではなく都築龍太《つづきりょうた》さん（2011年1月に引退）の名前があった。楢さんも、能活《よしかつ》さん（川口《かわぐち》能活＝FC岐阜）も、まだ怪我が治っておらず、僕にチャンスがあると思っていたのだが、ゴールマウスにいたのは僕ではなかった。バーレーン戦の敗戦で失格の烙印《らくいん》を押されたのだろう。続く11日に行われたワールドカップのアジア最終予選のオーストラリア戦で、スタメン指名を受けたのも、僕ではなく都築さんだった。

この落選には耐えられなかった。

それまでも代表メンバーには、ずっと呼ばれていたが、ほとんど試合出場のチャンスをもらうことはなかった。2008年のワールドカップ予選のカタール戦でも、楢さんが怪我をした時には、能活さんが出場した。僕は、サブのメンバーからも外されたが、気持ちを落とさず、いつかチャンスが来るんじゃないかと努力を続けていた。だが、楢さんに加えて能活さんまでいなくなった状況でも出場機会をもらえない。僕の心を支えていた何かが崩れた。「代表のゴールマウスに立つ」という強い意志を保つことができなくなった。

代表選が終わり、川崎フロンターレ（以後、川崎と表記）に戻ると、関《せき》さん（関塚隆《せきづかたかし》監督＝当時）に「今は、とてもサッカーをやれる状態じゃないので、しばらく休ませて下さい」と休養を申し出た。チームは春季キャンプに入る直前だったと思う。

関さんからは、「おまえの気持ちはよく分かる。だけど、ここで何もしないより、みんなと一緒にいてサッカーをやっていた方が気持ち的には楽になるはずだ。キャンプだけは行った方がいい」と諭された。キーパーコーチも同じ意見だった。

僕は助言を受け入れた。渋々、宮崎キャンプには行ったが、そういう気持ちだったせいか、現地について、すぐに風邪を引いてしまった。「病は気から」と言うが間違いではない。それまで、ほとんど風邪など引いたこともなかったが、初日に高熱が出て、ホテルで一日寝込んでいた。

「やはり来たくはなかった」

後悔の念を抱きながら二日目もホテルを一歩も出ずにベッドで寝こんでいた。

心身共に衰弱していた。まるで入院患者である。

しかし、根っからのサッカー人間なのだろう。ホテルに引きこもる一方で、ふと、こんな強迫観念に胸を締め付けられた。

「このままの状態を続けたら、それが気持ちのブランクとなってしまい、サッカー選手として進化していく機会をなくしてしまうのではないだろうか」

とりあえず練習に行かなければ……と本能に駆り立てられるように、青白い顔をしてグラウンドに向かった。

「やるしかない」と思って汗をかいたが、まったく気力が湧かない。やがてJリーグが開幕しても、気持ちは乗らなかった。僕のすべてであるはずの「サッカーをやることの喜び」を感じなかったのである。

ここまで顕著に気持ちが落ちてしまう経験はなかった。それまでも心が折れそうなことや、少しばかり折れてしまったことはあった。名古屋グランパスエイト（現在の呼称は名古屋グランパス、以後名古屋と表記）の時も、まったく試合に出られなかったし、「このまま行けば、僕は一生、2番手のキーパーのまま終わってしまうのではないか」という不安や危機感を抱いたこともある。

まだ、若い時だから練習だけに集中すべきことはわかっていたが、その練習の成果を出す場所を与えられるかどうかもわからないのだ。

「このままやっていても先が見えない……」

まるで、暗闇をさまようかのように、何度も、そう思わざるを得なかった。

それでも「たとえ前が見えなくても前進するしかない」と、半ば自分に言い聞かせながら耐えた。１００％の誠実な努力を続けていた。しかし、この２００９年2月のスタメン剝奪《はくだつ》事件から後だけは、自暴自棄となり、忍耐することも１００％の努力も放棄してしまった。すべてを投げ出してしまっていた。試合で勝っても負けても、感情がまるでないのだ。精神が壊れていた。それは恐ろしい現象である。

落ち込みを解決してくれるのは時間

悩み、気力をも失い、なかなか立ち直るきっかけもつかめない人には、最後は時間が解決してくれたという僕の経験を伝えておきたい。心を折らないことが理想だが、人間は強くない。折ってしまうこともあるだろう。その場合の処方箋《しょほうせん》の一つが時間である。

僕は、当時、心を通わせる人たちに相談に乗ってもらった。僕のコンディショニングを全部見てくれている酒井リズ智子《ともこ》さんを乃木坂《のぎざか》のジムに訪ねた。僕は、その2、3時間、トレーニングをまったくやらずに、リズさんと僕が契約しているマネジメント会社「アンビションアクト」のりゅうさん（田中隆祐《たなかりゅうすけ》＝取締役）に相手になってもらい、延々と話し込んだ。しかし信頼すべき人に心境を吐露しても、「スッキリしたから気持ちを切り替えよう」という気力には変わらない。トンネルの出口は見えなかった。

「こんな気持ちのまま、無理に踏ん張ろうとすれば逆に自分が壊れてしまう」とさえ感じた。自分の気持ちに嘘をつかずに生きていくということが信条だったが、あえて嘘をつかねばならない時もある。しかし、この時は、そういう嘘もいらないと思った。何も感情がないのだ。意気消沈した僕は、まるで廃人のようだった。

結局、解決してくれたのは、時間だった。

自分の気持ちが、少しずつ戻ってきたのは5月くらいだっただろうか。

毎日、練習があって、準備があって、試合がある。そういうプロとしての最低限のルーティンを淡々と繰り返しながら、気持ちが戻ってくるのを待った。それは、ある日、突然ではなく、少しずつサッカーをする喜びや感情が戻ってきた。まるで灰色だったコンクリートの間から逞《たくま》しい雑草が生え始めたような感覚だった。

例えばビジネスマンなら、辛いかもしれないが、黙々といつものように会社に出勤して、タイムカードを押し、退社の定時まで、自分の責任の仕事だけは、着実に消化していくというルーティンの繰り返しの中で、少しずつ、少しずつ、立ち直りを待つしかないと思う。

冷静に考えてみれば、やっと巡ってきたチャンスに「絶対にいいところを見せなければならない」「楢さんより輝かねばならない」と気持ちだけが先行して空回りしていた部分があった。僕の立場からすれば、たった一度のチャンスでもモノにしなければならないと自分にプレッシャーをかけすぎていた。

「今か、今か」と待っていたところに巡ってきたチャンスに力み勇んで空回りしたのだ。スタメンを剝奪されたショック、そして、心に受けた強烈なダメージも、それほど日本代表の正ゴールキーパーというポジションに入れ込んでいたことの裏返しだったとも思う。

しかし、この3か月間も続いた心の葛藤《かっとう》は、その後のサッカー人生に大きな影響を与えることになる。苦しい経験は、必ずや財産となる。南アフリカワールドカップの直前のスイス合宿から、突然、巡ってきた大チャンスに僕は、この時の教訓を生かした。

名古屋グランパスの2年目を前に考えた移籍

自分で思っている100%の努力は100%ではない

あなたは、自分の努力が本当に100%のものなのかと疑ったことがありますか？毎日、朝から晩まで仕事に追われる、あるいは、勉強に追われる。一日を突っ走るように忙しく過ごしているけれど、その中身は、果たして自分の100%なのか？

時には一度、立ち止まって自分を見直す作業が必要になると思う。

20歳の頃の僕は、大宮アルディージャ（以後、大宮と表記）から名古屋に移籍したものの1年目からほとんど試合に出られなかった。思い悩み、心情的なストレスを抱えて移籍を考えていた。当時は、日本代表キーパーである楢さんから学ぶことがあるとメディアに対しては発言して、不平不満は内に秘めていた。だが、マネジメント会社の社長の伊東伸晃さんや親しい人間にだけは移籍したいという意向を伝えていた。

僕の中では、1年間を通じて、毎日、毎日、練習の中でも100%の全力を出して打ち込んできたが、それでもチャンスはもらえなかった。その時に周囲の人間のほとんどが、僕が100%でやっていることを知っていたし、みんな「そうだよ、頑張っているよな」と同調してくれていた。「100%の努力が認められないならば、チームを変わりたい」。そう伊東さんに相談すると、彼は、こんなことを言った。

「永嗣《えいじ》が思っている100%は、果たして本当に100%なのか？　もしかすれば、それは80%とか90%だったのに、自分だけが100%だと思っているだけじゃないのか？」

僕は、正直、その発言に怒りを覚えた。

「この人は何を言ってるんだろう！　僕が毎日やっている練習を見てもいないのに」

伊東さんと一緒に仕事をするようになったのは、大宮から名古屋への移籍を任せるとなった時だから、まだつきあいは1年くらいだった。僕も、まだ青臭い20歳前後。若いから伊東さんが何を言っているかが理解できなかった。本音で言えば「一体、何を言っているんだ、この人は。実際のサッカーの現場は、そんなものと違うんだ」というような感覚で受け止めていて、伊東さんの語りかけている内容は、右の耳から左の耳へと通り過ぎようとしていた。

しかし、一方で柔軟に、その辛辣《しんらつ》な意見を受け止めることのできる僕というものも存在していて、頭の片隅には、もう一つの疑念が浮かんだ。

「もし100%の努力ができていないとしたら、何ができていなかったのか」

自分が100%できていると思っていても、それはひょっとして独りよがりなもので、周囲から違った角度で見れば、100%でないこともあると思う。あくまでも客観的に自己評価すべきだということのきっかけを伊東さんが与えてくれた。必ず自己評価と客観評価には、ギャップがあることをわかっていなければならない。

伊東さんの言葉は、新しい視野を与えてくれる金言だった。

自分の100%は、常に真の100%とは限らないのだ。

名古屋での1年を終えた僕は、移籍を思いとどまった。

そして、客観的に、もう一度、自分に足りないものを見直す作業に入った。問題はどこにあるのかという原因究明の因数分解を繰り返したのである。

なぜ使ってもらえないのかという理由を自分で考えてみた。正キーパーの楢さんと比べて、安定度で劣っている、正確さが足りない……いくつものウィークポイントが挙がった。

自分のウィークポイントを理解した上で対策を講じてプラスに変える。マイナスの局面を、自分にとってプラスに変えられるかどうかが、凄《すご》く重要だった。

ビジネスの世界でもそうだろう。問題の分析、解決方法のあぶりだし、そしてその遂行は、問題解決の基本だと思う。ただ、問題が起き、窮地に陥った時こそ、自分の人間力を試されるのである。

秋田豊から学んだ100%の精神

ちなみに、この100%全力の思想を持てるようになったのは、アキさん(秋田豊《ゆたか》=現評論家)の影響が強い。J2の大宮からJ1の名古屋に移って、僕から見ると、「プロフェッショナルだ」と思うような人が多かった。つまり、プロの自覚の違いである。自らを厳しく律した秋田豊さんが、その典型の人物だったのかもしれない。そのふるまいや言動、生活態度にプロの姿を教えられた気がした。徹底した節制の一方で、遊ぶ時は遊ぶ。仕事とリラックスのメリハリがついている。やる時はやる、緩める時は緩めるの精神である。

アキさんは、いつも100%だった。試合に出ているピッチ上での100%は当たり前だが、試合に出ていない時でも、今やれることを100%で実行するのだ。豪快なイメージが強いが、実は、理論派で栄養学や戦術論にも長《た》けていて、練習内容やプレーの質などを常に考え、試合や練習後に議論する。考え方も柔軟で、新しい知識やトレーニング方法などをどんどん吸収していた。僕は、試合に出ることができずにモチベーションを維持することに苦しんでいたが、そのすぐ隣で、日本代表クラスの選手が、たとえベンチに下げられていようが、練習からすべてを100%でファイトしているのだ。

その姿を目の当たりにして「僕みたいな選手が、試合に出られないからと言って手を抜いていては、いつまでたっても上にはいけない」と、心から思った。それまでは、やる時とやらない時のムラの激しかった僕は、「どんな状況に置かれても１００％全力で努力する」という生き方を、アキさんの背中に学んだ。僕のいつでも１００％全力のスタイルは、アキさん譲りなのだ。

鹿島アントラーズとの開幕戦で感傷的になったバスの思い出

辛さを乗り越えるためにプラス思考を脳に植え付ける

試合に出られない環境というのがアスリートにとってもっとも辛い。自己表現するためにプロと名乗ったのに、その表現の場所がないのだ。サラリーマンが、これといった仕事も与えられず、一日中、電話番を任されているのと同じだ。人間だから「ふざけるな」という感情も出てくる。これだけ頑張って努力をしているのになぜ認めてもらえないのか。こういう感情は無駄ではないし、抑制する必要はないと思う。なぜ、試合に出られないのかを自己分析することはマネジメント上、欠かせないことだが、その作業は楽しいものではない。

「ふざけるな」という怒りがあるからこそ、そういう辛い作業も頑張れるのだ。僕はいつの頃からか、そういうマイナスの気持ちや状況を次なるモチベーションに転換していく手法を覚えた。見方を変えれば、それはマイナスの状況に置かれた人間だからこそ持つことのできる特権であり、エネルギーなのかもしれない。

辛さや苦しみに耐えるため、脳にプラス思考を植え付けるという方法がある。

僕はどこかで、自分の感情を隠してきた。今でもそうだ。できる限り本音はつまびらかにしないし、つまらない感情は気にしない。辛くとも辛くないというフリをするタイプだ。試合に出られなかった名古屋時代は、特にそうしてきた。

僕が好きな本の一冊に東京大学の脳の研究者、池谷裕二《いけがやゆうじ》さんと、コピーライターの糸《いと》井重里《いしげさと》さんの共著である『海馬―脳は疲れない―』(朝日出版社)という本がある。記憶や空間学習能力に深く関わる脳の一部分にある「海馬」について語られた本で「脳は、ものごとに対して次々に思い込みを重ねていくという性質がある」という記述がある。

脳に辛いと思わせると、それは辛い記憶として重なっていく。いかに自分の脳をごまかすか。人は自分の気持ちには正直でいたほうがいいが、あえて自分の脳に嘘をつくのだ。思い込みを重ねていくという脳の性質を利用して、プラス思考の言葉を自分に言い聞かせ、脳に植え付けて重ね、辛い時を踏ん張るのである。

しかし、そういう作業を繰り返しても、所詮《しょせん》は嘘なのだから、いかに辛かったか、しんどかったかということに後になって気付くことがある。

名古屋から川崎に移籍した2007年3月。鹿島《かしま》アントラーズとの開幕戦。等々力陸《とどろき》上競技場まで行くバスの中の情景を僕は、まるで昨日のことのように鮮明に覚えている。僕は、その試合でスタートメンバーとして出場することが決まっていた。本当に待ちに待ったゲームである。その時、僕は、すごく「幸せだな」と感傷的な気分になっていた。

それだけ、これまで試合に出場できなかったことに対する自分のストレスが大きかったのだろう。僕は、このバスの中で、そういう昔の辛さを思い出し、川崎でやっと試合に出られるようになった一人のプロサッカー選手としての幸せを噛《か》み締めていた。

脳に嘘をつきプラス思考を植え付けることが、辛さを乗り越えるための一つの手段として存在し、実際、僕が体験したという事実を読者の皆さんには伝えておきたい。だが、正直に生きて、それを乗り越える強さを持てるなら、それに越したことはない。弱い人間だからこそ、僕は、自分に嘘をつきプラス思考を植え付けるという手法をとっていたに過ぎなかった。

しかし、その作業をすることが、どれだけ負担だったかということに、僕はこの時になって気が付いた。本当に本当に、今からゴールマウスに立てることが幸せだったのだ。

その開幕戦は、1-0で勝利した。フロンターレはこれまで完封試合が少なかったので、移籍第一戦を完封でスタートできたことに僕は、一つの責任を果たせたと思った。そして、川崎に移籍した自分の選択を心から祝った。

あえて「何も考えない意識」を作り一瞬の判断を下す

「なかなか集中できないんです」という話をよく聞かされる。ビジネスマンのデスクワーク、学生の受験勉強、主婦の文化教室の授業……いろんなシーンで集中力の問題がクローズアップされる。

ゴールキーパーは、フィールドプレイヤーとは違って極限に近い集中力を要求されるポジションである。ゼロコンマ何秒の反応と判断が勝敗を左右するのだから、意識世界の中だけでは、たやすく動けない。考え過ぎず、余分な情報や雑念に左右されず反応できるように、神経を研ぎ澄ます。そのために僕は、あえて何も考えない意識を作る。「無意識の意識」とでも呼べばいいだろうか。瞬時の判断を下さねばならないがゆえに、意識の中で計算されたプレーでは、うまくいかない部分が出てくるからだ。

トップアスリートにはZONE（ゾーン）という世界があるらしい。相手の動きがスローモーションに見えるとか、時間が止まるような感覚になるとも聞くが、僕にはまだ、そういう体験はない。

止めたシーンのことは、たとえ、どれだけ遠い過去であっても鮮烈に覚えている。10年以上前のPKをどうやって止めたかも覚えている。自分の感覚の中に映像として焼き込まれているのだろう。

自分のデータの統計を取ったことはないが、感覚的に言えば、ファインセーブよりも決められたゴールの方が圧倒的に多いだろう。そういう運命下でプレーするのがキーパーの宿命なのだ。同じシチュエーションはない。千差万別のシュートに対して、どう対応するか。そのためには毎回、新しく頭の中を変えなければならない。

僕は、キーパーのメンタルマネジメントとして「無意識の意識」を作る。実は、何にも考えないようにしているということは、そこには、「考えないようにする」というマインドが存在しているということである。脳に刻み込まれた、過去の鮮烈な成功の記憶が、そのマインドとどこかでつながっていて、無意識であっても、反応を促すサプリメントのような役割を果たしているのかもしれない。

2011年1月のアジアカップ決勝のオーストラリア戦。0-0で迎えた後半27分に、ハリー・キーウェルと1対1のシチュエーションになった。僕は、ボールがバウンドした時点で、これはキーウェルが抜けてきそうだなと察知して冷静に準備していた。果敢に飛び出て右足を伸ばした。「来るかな」と予期したので、先に出過ぎないように、できるだけ我慢した。ギリギリのタイミングでコースを消すべく前に出ようと意図してのプレーだった。

最後の最後に伸ばした右足は、「無意識の意識」による反応である。1対1のシチュエーションは、本来、作ってはならない絶体絶命の場面ではある。「1対1になった時に緊張するでしょう?」と、よく質問されるが、僕の場合、そのあたりの神経が鈍感なのか、そう緊張はしない。いたって冷静である。

この試合では、延長後半10分に、ヘディングシュートも止めている。オーストラリアは高さで圧倒しようと、その前にもクロスからのヘディングシュートを2本試みていた。それらは、枠を外れていたが「この感じなら枠の中に飛んで来ても、おそらく取れる」という感触のようなものをつかんでいた。

3本目のヘディングシュートは枠内に入ってきたが、それまでのタイミングがわかっていたので怖くはなかった。このケースは「無意識の意識」ではなく、一種の学習である。こういう短時間での学習能力は、経験を積めば積むほど、処理時間が短くなるのだ。

音楽のリズムに鼓動を合わせ、自分を高揚させる

集中力の作り方は、人それぞれ違うだろう。読者の皆さんには参考になるかどうかわからないが、僕にも流儀はある。それは試合前からスタートしている。まず口数を減らす。喋《しゃべ》らなくなるタイミングはマチマチだが、たいていは選手バスに乗って、スタジアムに移動する段階から自分の気持ちにスイッチを入れ始める。イヤフォンをして、iPodに電源を入れて好きな音楽を流す。

選曲は、好きなR&Bやヒップホップ。リズム感のある音楽を聴くことで、そのリズ

ムに自分の心臓の鼓動を合わせていく。自然と鼓動のピッチは速くなり、気持ちが盛り上がってくる。逆にバスに乗る段階から、すでに気分が高揚してしまっている場合もある。そういう興奮状態の時は精神を落ち着けたい。この段階で入り込みすぎているのもよくない。そういうメンタルの状態の場合は、リラックスできるようなゆったりした音楽に変えて、あえて気分を緩めてみる。そうやって音楽で気持ちをコントロールするのである。

スタジアムに入ると、自分のロッカーに荷物を置き、すぐに着替えにかかる。ユニホームに着替えてからも、しばらくは、ロッカールームで座ったまま、その場で音楽を聴いていることが多い。その後、指の一本、一本にテーピングを自分で巻く作業に入る。キーパーは手の使えないフィールドプレイヤーとは違って指の怪我の多いポジションだ。バレーボール選手の準備に近い。僕の場合は、特に何回も骨折や脱臼《だっきゅう》をやっているので、その予防のためのテーピングは不可欠である。それを巻き終えると、その場で、軽いエクササイズをウォーミングアップがてらに行い、そしてロッカールームを出ていくのである。

南アフリカワールドカップ前夜に聴いたクラシック音楽

自分の心に耳を傾ける

試合の前日や当日に、特別ルーティンのようなものは決めていない。毎回、毎回、前日はこれ、当日はこれと、やるべきルーティンを型にはめて決めてしまうと、その時々によって環境も違うし気持ちも変わるのだから、その通りに進まなかった時に逆にストレスが溜《た》まり、リラックスができなくなる。決めたルーティンが逆効果になってしまうのだ。

それよりも、自分の心に耳を傾けて、今、何を求めているのか、何をしたいのかと自分自身を理解することが大切だと思っている。

南アフリカのワールドカップでは、開幕戦の前日が一番緊張した。6月13日、カメルーン戦の会場であるブルームフォンテーンのスタジアムに入り、「明日、ここでやるのか」と思うと、金縛りにあって体が動かなくなるくらい緊張はピークに達した。

いきなり巡って来た舞台だった。スイス合宿に旅立つ前には、「たとえ試合に出られなくとも、これだけ貴重な経験ができる機会はめったにない。全力でチームをサポートして、次につながる経験にできればいい」と考えていたのだが、その何十倍、何百倍ものチャンスが目の前にあるのだ。世界中が注目している大会である。感情的になりやすい性格の僕が、高ぶる気持ちを抑えろという方が無理だ。

前述したように、これまでは激しい音楽のリズムを聴き、心のブースターに点火してアドレナリンが湧き出るように気持ちを高ぶらせるという試合の入り方をしてきた。しかし、あの時は逆だった。試合前にすでに心が高ぶっていたので、逆に気持ちを静めてリラックスしなければならないと考えた。このまま行くと、その高ぶりは力みなどの悪い方向に表れる。まず、心を静かに平常の状態に戻したいと思った。

僕は「笑いたい」と思った。

貴章《きしょう》（矢野《やの》貴章＝名古屋グランパス）が持ってきていた「くりぃむナントカ」というお笑いのDVDを借りた。それを見ながら、笑うと落ち着いた。医学的にも横隔膜が振動すると、全身がほぐれリラックスできるらしい。徐々に興奮の波が引いていくのがわかった。

ベッドに横たわるとiPodのスイッチを入れ、ヘッドフォンを装着した。

選んだ音楽は、アンドレーア・マルコン指揮、パトリシア・プティボン＆ヴェニス・バロック・オーケストラの「ロッソーイタリア・バロック・アリア集」というクラシックCD。ゲオルク・フリードリヒ・ヘンデルのシリーズが流れると、僕は、知らず知らずのうちに中世の舞踏会をイメージしていた。おそらく、一種の瞑想《めいそう》状態なのだろうと思う。格調高い、中世のお城のようなところで行われている華やかな舞踏会を思い浮かべていると、自然と眠りについた。スタジアムでは、あれだけ興奮し緊張していたのが、嘘のようにグッスリと眠れた。

ワールドカップ期間中は、それでも寝る前に様々なことが頭をよぎる。僕は、できる限り考えすぎずに、その時間には好きなことを考えて、気持ちよく眠ることを心がけた。試合のイメージは一切持たなかった。無意識のままクラシックなどの音楽を聴き、湧き出てくるイメージだけをピックアップするのだ。音楽から連想されるものが、突拍子もないもので構わない。

これが僕流のメンタルマネジメントであり、リラックス法だ。メンタルマネジメントは、人それぞれだろうが、大事なテストを前にした受験生や、大きなプレゼンを翌日に控えたビジネスマン、大切なデートを前にした女性の方々なども、一度、この方法を試してみるのも面白いかもしれない。

「真夜中のイメージトレーニング」も今は変貌

リラックスした時間に湧き上がるイメージをピックアップする

スポーツにはイメージトレーニングというものがある。事前に頭の中で試合展開をイメージする訓練だ。プレゼンの予行演習やリクルートを前にした模擬面接のようなものだろうか。現在、僕は、そういう手法を一切取っていない。どちらかと言えばイメージトレーニングを行うよりも、リラックスする時間を大切にしている。

浦和東高校時代は、今では笑えるようなイメージトレーニングをしていた。

全国高校サッカー選手権が終わり、2年の新チームになってから僕は、待望のレギュラーに抜擢《ばってき》された。試合に出るようになると、僕は試合前日の夜に誰もいないグラウンドで一人でイメージトレーニングをしていた。夜中のシーンとした無人のグラウンド、ゴールマウスに立ち、ゲームのイメージをしながら、「寄れ」「行け」や、「蹴《け》れ」「OK」などと、大きな声でコーチングの予行演習をした。攻撃シーンをイメージしてフィードも蹴った。きっと、その光景は奇異なものだったに違いない。誰もいない真っ暗な校庭で「寄れ」や「行け」と、試合さながらに叫びながら指示を出している姿は、まるで幽霊とでも試合をしているような様子だったのだろう。

しかし、僕自身は、いたって真剣だった。それは、僕流にアレンジしたイメージトレーニングだったのである。頭の中だけで試合のイメージトレーニングをするよりも、もっと具体的な形でイメージトレーニングする方法はないだろうかと考えた結果が、この「一人芝居的なコーチング練習」であった。僕なりにより練習を試合に直結させて成功を具現化するための工夫だったのである。それが僕の勝利のためのアプローチの仕方だった。

現在はさすがに、そういうイメージトレーニング、メンタルトレーニングという形は取らない。

試合のイメージを描くのは、あくまでも、なんとなくである。一人の静かな時間に好きな音楽を聴きながら無意識の瞑想空間を作る。どうしてもサッカーのことは考えてしまうから、あえて自然に任せるのだ。すると「次の試合で、こういうシーンが出てきたら、こうしよう」というアイデアが、自分の心の奥底から自然発生してくる。決して念じるわけではない。「これからイメージトレーニングをします」と、きっちりと意識して想像するわけでもない。ぼうっとリラックスした瞑想のような時間の中で、自然発生してきたイメージだけをピックアップするのだ。

試合前は、そういう時間をとても大切にしている。

例えば、移動のバスや飛行機で音楽を聴きながら窓の外をぼうっと見たりしている時、あるいは一人で散歩している時にも、ふとサッカーのアイデアやシーンが湧き上がる。その瞬間、そのイメージを拾い上げて広げるのだ。いつ何時、どこであっても、その突然のイメージは湧き上がってくる。いささか宗教じみているが、それが僕のスタイル。僕が一人で、ぼうっとしている時があれば、それは、大切なメンタルトレーニングの最中であったりするわけである。

ワールドカップ直前に行われた親善試合のイングランド戦で、フランク・ランパードのPKを止めた場面が、そうだった。イングランド戦の前にも夜にホテルの部屋で音楽を聴きながら、ぼうっと瞑想していた。するとPKの場面がふと浮かんだ。キッカーはランパード。蹴る方向がなんとなく見えて、僕は、そのPKを未来予知のようなイメージの中で止めたのだが、本当に翌日の試合でもPKが巡ってきた。しかも、その〝瞑想夢〟と同じ方向にランパードが蹴ってきて、僕は、それを止めることができたのである。

人間の脳にある海馬はミスを覚える性質がある

リスクを恐れていては成長はない

「失敗は成功の母」という古典的な諺《ことわざ》がある。僕は、これを身を以《もっ》て体感し、「失敗を恐れるな」というメンタルの持ち方を学んだ。

ミスをした経験を生かす。ミスというリスクを恐れていては成功はない。

大宮では、2試合連続でペナルティエリア内で相手を転倒させてしまい、一発レッドの退場処分を受けたことがある。感情をコントロールしきれなかった完全な僕のミスで、その失敗は同時にチームへの裏切り行為でもあった。僕は、その後、戒めの意味も込めて5試合、ゲームから外された。今だからこそ思えるのだが、そういう失敗の体験は、確実に未来の自分につながっていく。

ミスを恐れず行動できる人は過去に必ず大きなミスをしでかした体験を持っている。

一度、そういう出来事を乗り越えていれば、次にもっと大きな試練が自分に降りかかってきた時に、立ち向かっていける。

前述した池谷祐二さん、糸井重里さん共著の『海馬―脳は疲れない―』という本にも、こんな記述がある。

「実験をすると、ミスをしたサルのほうが記憶の定着率がいいのです。脳は消去法のように、『ミスをした方向に進まないことで道を選ぶ』という性質があります。間違えることは、脳にとっては飛躍のチャンスなのです。失敗や失恋が人をかしこくさせるのは、このせいです」

つまり、脳はミスしたものをより覚え、その学習を次に生かしているわけである。

僕のポジションは、ミスがイコールチームの勝敗につながる。絶対にミスを許されないという状況の中でベストを求めていかなければいけない。その一方で、ミスを恐れていては、プレーの幅も広がっていかない。

「ボールにアタックする！」というGKに必須《ひっす》の攻撃的なメンタルを保てなくなるし、自分自身の上達もない。何かを得たいとするならば、リスクを恐れてはならないと思う。

海外でプレーしていると、なおさらリスクを恐れないことの重要さがわかる。ベルギーのビッグクラブのキーパーのプレーを見ていても、リスクを恐れておらず、そのメンタリティが生み出すビッグセーブを何度か見た。

そのメンタリティは、日本人とは大きく違っている。ミスを恐れない、リスクを恐れないとは保守的であるという言葉の反対語だ。つまり心理としてはチャレンジである。

しかし、ポジションや地位を得ると、そのリスクを恐れぬ大切さがわかっていても、ついつい保守に走る。ポジションを得ることで、その対価として降ってくる責任感が、守りの心理につながるのかもしれない。僕にとって、それが典型的に悪い方へと出てしまったのが、2011年1月のアジアカップだった。

2011年アジアカップの成功体験がもたらしたもの

逆境をチカラに変える

逆境を力に変える。ビジネスシーンにおいても、人間関係においても、逆境やスランプに陥ることは稀《まれ》ではない。しかし、もし、その逆境を力に変えることができるならば、それ以上の理想的なスランプ脱出法はないだろう。

僕にとって2011年1月にカタールで開催されたアジアカップは、まさに逆境からの脱却であった。アジアカップを迎えるにあたって僕の心理面は最悪だった。リールセのチーム状況は厳しく、その時点でリーグ戦、ベルギーカップ戦を合わせて18試合で3勝12敗3引き分けの成績。完封した試合など、わずか3試合で、11月27日のスタンダール戦では7失点という生涯忘れられないような記録的な屈辱も味わった。気持ちを切らさないようにポジティブにメンタルを保ち続けようと努力したが、こうなると、どこかで歯止めがきかなくなってくる。そういうドン底状態のチームのキーパーから一転、日本代表の守護神としてアジアカップを迎えることになったのだ。

負け、負け、負け……のチームのキーパーが、優勝することを課せられた代表のキーパーとしてプレーするのである。やりがいはあるけれども、背負うものの大きさに押しつぶされそうになった。代表のゴールマウスは、やりがいや憧《あこが》れだけでプレーできる場所ではない。

しかし、そこは自分が求めた場所だったし、ずっと居続けたい場所なのだ。

リスクを恐れないというチャレンジ精神は、どんな社会においても大切な精神だろう。保守的になることのメリットも否定しないが、そこに留《とど》まっていては進歩や成長はない。しかし、責任ある立場を得ると、しまいには責任感に押され、リスクを恐れない精神を忘れがちになる。そういう時にこそチャレンジ精神を思い返すべきだと思う。

そういう中で準々決勝のカタール戦で2失点するミスを犯した。正直、気持ちを切り替えるのが難しかった。カタール戦には、勝つには勝ったが、自分が満足できる内容ではない。周囲は騒いだ。気にかけないようにしていても周りは、その話しかしてこない。メールも次々入ってくる。そういうのもストレスだった。僕はひどく混乱していた。

ディフェンス陣から佑二《ゆうじ》さん（中澤《なかざわ》佑二＝横浜F・マリノス）、闘莉王《トゥーリオ》（田中マルクス闘莉王＝名古屋）という南アフリカワールドカップ経験者の二人が抜け、アジアカップでは、僕がディフェンスをまとめていかねばならないだろうという気持ちが強かった。しかし、結果は逆に迷惑しかかけていないという内容。自分へのジレンマ、自分への腹立たしさ……僕は大会が進むにつれ、追い詰められていった。

準決勝の韓国戦は、もう後のない崖《がけ》っぷちの心境で迎えた試合だった。

「もうやるしかない、結果を出すしかない」

ＰＫ戦では開き直るしかなかった。ロスタイムで同点にされた。みんながガクッと落ち込んでいたのがよくわかった。試合の展開からいくと完全に韓国の流れだろう。しかし、開き直ったメンタリティの僕は不思議と冷静そのものだった。

「落ち込んでいる場合じゃない。まだＰＫ戦があるじゃないか。やるしかない！」

僕は、誰に言うわけでもなく、そう叱咤《しった》した。どこかで気持ちには余裕があった。

もう余計なことは一切考えなかった。自分にとって冴《さ》えないままのアジアカップで終わるか、逆にもう一度、盛り返すのか。二つに一つしかないと思っていた。

まさに雑念はなく、そんな一本気な気持ちが固まっていた。

韓国のＰＫに関するデータはなかったが、ＰＫに対する苦手意識は完全に払拭《ふっしょく》していた。ワールドカップ前のイングランドとの親善試合でランパードのＰＫを止めて以来、表裏一体で存在していた苦手と得意の意識が劇的にひっくり返っていた。一つを止めることが、一つの自信に変わる。怖いほど意識は変貌《へんぼう》していく。２本連続のセーブ成功は、はたから見れば神がかり的なものに見えたかもしれない。しかし、ただ、それは冷静に反応した結果に過ぎなかった。PKをキーパーが制して勝った試合では、気分は激しく高揚するものだ。僕は、「止めたぞ!」と拳《こぶし》を握り締めたが、不思議にそれ以上の喜びは生まれなかった。ここまでは、チームに迷惑をかける一方だった。そして、まだ決勝戦が残っている。喜ぶのは、まだ先だと思っていた。

アジアカップは、サッカー人生において初めて獲得したタイトルだった。でも、それ以上に日本代表としてピッチに立つことの責任の大きさや、使命感を改めて感じ取ることのできた大会だった。自分自身も、ミスやレッドカードなどの忸怩《じくじ》たる思いの試合を重ね、準決勝の韓国戦、決勝のオーストラリア戦で、そういう状況をリカバーして試合に臨み、最後に優勝という結果を残せた。非常に重たく、さらなる成長の糧となる体験だった。

予感や確信はなかった。もう無理だろうと、ネガティブな気持ちを抱いていたのに獲《と》れたタイトルだった。決して計算通りに進んだ優勝ではない。

リールセで、あれだけ負けが続くと、悲しいかな負けることに慣れてしまう。感動から遠のいていくのだ。勝つという喜び、シュートを止めた時に湧き出るアドレナリンのようなものが薄れていくのである。アジアカップがスタートしてチームが決勝へと勝ち進んでも、その感動は蘇《よみがえ》ってこない。勝つ味、負ける味というものは、おそらく勝負の世界独特の表現であり感覚だろう。勝ちたいという欲や勝利へのモチベーションを、喜びを見いだせない中で保ち続けることは難しい。人間は弱い動物だから、成功体験がなければ、いつのまにか違う方向へと流れていくものなのだ。

だから僕は、優勝した瞬間に自分自身に「これが勝利の味なんだ」と言い聞かせていた。「チームに貢献するプレーができて勝つことができれば、こういう気持ちを味わえる」というスポーツの持つダイナミズムを自分に思い出させたのである。

第2章　プロで成功するためのマネジメント

40歳まで海外で現役でプレーを続けていたい

10年先のビジョンを描き、今の自分にできることを考える

自分の10年後、20年後のビジョンを描いたことはありますか？

逆算のマネジメントの基本は、まず、将来像のイメージ化である。

当然、僕の10年先、20年先、30年先のビジョンはイメージ化してある。

その目標を達成するためには「今何をしなければならないか」を逆算して考え、実行するのが、逆算のセルフマネジメントであるから、そのビジョンは、ゴールであり出発点である。


プロサッカー選手としては40歳まで現役を続けたい。

できればヨーロッパのトップクラブでプレーしていたい。どこの国でプレーしているかは、まだイメージしにくいが、一つの国だけじゃなくて、ステップアップしながら、どの国にいってもトップレベルのパフォーマンスをする選手でいたい。

それは、2001年に大宮アルディージャで初めてプロになった時から考えていたことで、今も変わっていない長期的目標であり人生プランだ。

当時は、試合に出ることすらままならない状況で、自分の置かれた現実と将来目標は大きく乖離《かいり》していた。40歳という数字は何も滑稽《こっけい》なものではない。惜しまれながら2011年に引退したマンチェスター・ユナイテッド、オランダ代表のファン・デル・サール も40歳、昔のプレイヤーで言えば元イングランド代表のデビッド・シーマンも現役引退したのは40歳だ。彼らの姿は憧《あこが》れであり目標とすべき存在である。ゴールキーパーというポジションは、一度、定位置を獲得して、クラブの信頼を得ると長くその座を維持するケースが多い。フィールドプレイヤーに比べて、運動量が少なく、故障の頻度なども低いため、海外では総じて選手寿命が長い。

40歳でも、トップでプレーしているというイメージを抱いた時に、20代の前半では自分はどういうことをするべきか。20代後半になれば、自分はどういうことを経験すべきかという長期プランを計画せねばならない。

肉体のマネジメントも必要だろう。スキルのマネジメントもいる。クラブ移籍など、プレー環境の選択も、そのプランニングの中には含まれてくるだろう。

プレイヤーとしての晩年にはささやかな夢もある。最後は給料が安くとも、中米などにある小さな国の名も知れぬクラブで1、2年プレーができれば楽しいだろう。そういう場所で、最後はキーパーからフォワードに転向してフィールドを走り回ってみても面白い。もう一度、子供の頃に遊びで始めたサッカーの魅力を思い出すような原点に戻ってみたい。「サッカーは楽しかった」という感激を胸にサッカー人生にピリオドを打ちたいという、まるで絵本のような願いがある。

オフや帰国時には、川崎フロンターレで練習をさせてもらっているが、アットホームなフロンターレのチームの雰囲気に触れると、最後の最後は、フロンターレに戻って恩返しをしたいという気持ちにもなる。

引退後の将来像にサッカーチームの監督というイメージは湧かない。将来キーパーを教えてみたいが、小さなゴールキーパー・クリニックのような場所で、ゴールキーパーのスキルを専門的に教えたい。その方が僕の性分には合っている。

10年より先の終着地点については、まだ、しっかりとはマネジメントできていないのが本当のところだ。

サッカー人生を全力で短く走りきって、さっと現役引退するという人もいるだろう。だが、自分が近い将来、「どうありたいか」と考えておくことは、とても重要な作業である。つまり、それは「自分とは何か」を考えることで、とても哲学的な作業でもある。

同時に5年先、10年先の人生設計もある。30代の前半ぐらいで、いい人が見つかれば結婚をして家庭を築きたい。サッカーをやっている間は、サッカーが生活の中心になるのは仕方がない。それを自分も望んでいるし、伴侶《はんりょ》には、そういう生活を理解してもらえる人がいい。お互いの存在も、そして、それぞれが持つ時間も尊重できる人がいい。

理想の女性像を語るとすれば、一緒にいて楽しく、そして自分の人生を共有したいと思える人。僕なりに外見的な好みもあるが、それは照れ臭い話なので書かないことにする。

40歳を区切りに引退をしたら、家族を中心にした生活に変え、サッカーとはまた違うビジネスの分野で新しいチャレンジをしてみたい。金融についても勉強中で見聞を広げている。いろんな地方での生活を経験して、早めにのんびりと暮らそうかなとも考えている。

そうやって大枠の目標を持ちながら現実的に今の自分に何ができるのかということを考える。目の前にあるハードルを一つひとつクリアしていくことで、ぼやっとしていた10年後の姿が、まるで望遠レンズのピントを合わせるかのように徐々に正体を表してくるのだ。逆算のマネジメントとは、先を見て、その描いたビジョンから逆算するわけだから、つまるところ、100%、120%の努力の積み重ねの結晶である。今を100%全力で生き抜くことで、自分の10年後の姿が見えてくるのだ。

逆算のマネジメントの原点は高校時代の恩師の助言

人と同じことをしていれば人と同じにしかならない

人生の転機となる薫陶を受けた経験は誰にもあるだろう。

そういう出逢《であ》いや言葉は、胸にしまい込み、自分の人生の糧とすればいい。僕の場合、その言葉は、今なお、ずっと大切な言葉として自らの生き様に影響を与えている。

逆算のマネジメントを始めた原点は、どこだったのかと考えた時、そのスタート地点には、人との出逢いと薫陶の言葉があった。

「プロサッカー選手になりたい」という漠然とした、いわば長期的なビジョンを抱いたのは小学校の時だ。だが、それは、まだ単なる憧れで、現実的なアプローチを考え始めたのは、高校に入ってからだ。そのヒントとなったのが、浦和東高時代のサッカー部監督、野崎正治《のざきまさはる》先生との出逢いと、先生から受けた薫陶だった。

「人と同じことをしていれば人と同じにしかならない」

浦和東高に入学してすぐのミーティングで先生は、こう言われた。

目標の実現に対して、どういう方法と、行動を伴わねばならないのか。全国高校サッカー選手権で優勝するという目標を達成するためには、まず、「自分たちに何が足りないかを見極め、そのためには何をしなければならないのかを考えろ」というわけである。

目標から遡《さかのぼ》って、プロセスを考え、実行する。まさに先生が言っていたことこそ、逆算のマネジメントである。そのきっかけを先生がくれたことで「では、どういう努力をしなければならないのか」という方法論を高校生なりに考えるようになった。

野崎先生は、具体的な例も出した。例えば、自転車通学するにしても、「俺らが高校のときは、自転車もただ乗るだけでなく、つま先を使ってペダルを踏んでいた」と。そういう小さなことから差を埋めていく努力をするのだ。

僕は、高校3年間、自転車で通学していた。学校までの時間は、向かい風にあおられるなど、その日の天候に左右されたが、最短でも片道に45分はかかった。最初はトレーニング目的ではなかった。電車で一、二駅乗ってから、バスに乗り換え、30分かかるという通学行程だったので、そういう面倒な交通手段を取るなら自転車で行ってしまった方が楽だという動機だった。雨の日は、電車とバスを利用していた。

ある意味、不純な理由で始まった自転車通学だったが、野崎先生から「人と同じことをしていても上には行けない」という話を聞かされ、この自転車通学をトレーニングに変えようと発想を転換した。まだ、高校生。子供のような無垢《むく》な発想とも言えるのだが、その先生の言葉を聞いてからは、自転車のギアを一番重くして、つま先を使って漕《こ》いだ。雨の日も傘を差して漕いだ。

卒業してから、一度だけ、当時を思い出して自転車で同じコースを走ってみたことがある。「よくもこんな長い距離を毎日通っていたものだ」と途中で、リタイアしかけるほど遠かった。練習の中でも、他の選手が、ダッシュを5往復するなら僕は6往復した。腕立て伏せ20回がノルマなら30回やった。

「絶対に人より多くやる」が、自分に立てた誓いだった。

それが僕なりの他の人と差をつける努力であり工夫だったのだ。

起床は、朝の6時。6時半には自転車で自宅を出て、7時半頃に学校に着くと、8時20分の始業時間ギリギリまで自主練習をしていた。キーパーの練習は一人でやれることは限られている。その朝は、キック練習が主で、ひたすら壁に向かってボールを蹴《け》る。他にメンバーがいればボール回しや足元を使う練習をやった。

浦和東は強豪校だったが、自主トレの集まりは悪かった。おそらく5、6人だっただろうか。その日によって参加人数は違っていたが、僕だけは、何かにとりつかれたかのように毎日やった。練習の質を上げるために、「シュート練習につきあってくれ」と、嫌がる仲間を無理やりに引っ張りこんだ。「試合に出ている人に勝つためには、試合に出ている人より練習をしなければ、差は埋まらない」と必死だった。

野球に夢中になりサッカーの練習に行かなかった過去

人間は誰だって変われる

人間は誰でも変われる。昨日までの嫌いだった自分に見事にサヨナラを告げることが可能だ。成功者は、みんながみんな、最初から欠点のない人間だったわけではない。

僕にもサッカー部に入りながら幽霊部員だった過去がある。

八幡《はちまん》小学校時代に入った与野《よの》八幡サッカースポーツ少年団というのは、どこにでもある小学校のサッカークラブだった。5・6年、3・4年、1・2年と組みわけされていて、うまければ一個上のグループへ飛び級するというシステムだった。今の僕からは想像もできないかもしれないが、小学4年生までは、まったく練習に行っていなかった。いわゆる幽霊部員。夢中になっていたのはサッカーではなく野球だった。みんながサッカークラブで練習をしている横で仲間と草野球をして遊んでいたのである。それほど野球が大好きだった。ポジションは野球におけるキーパーとも言えるキャッチャーである。ここでも志向が似ていた。人と同じことが嫌だ、人が嫌がることをあえてやるという志向かもしれない。バッティングは当たれば飛んだ。

好きな球団は、西武とヤクルトと阪神。選手で言うと、阪神タイガースの亀山努《かめやまつとむ》の大ファンで、あの熱血ヘッドスライディングに熱中した。野球は、軟式のゴムボールでやるのだが、僕は、キャッチャーマスクとプロテクターを着けていた。ゴムボールだから当たっても痛くはないのだが、形から入っていくタイプだった。キャッチャーの堂々と道具を装着した姿、格好に憧れがあったのかもしれない。

サッカーの練習をサボらずに、ちゃんと参加するようになったのは、小学校5年生になってからである。言い訳ではないが、練習に行っていない間もサッカーをやりたいという気持ちには変わりはなかった。でも、「今は、野球が楽しい。サッカーの練習は、中学くらいになってからすればいいだろう」という子供の甘えた考えがあった。

小学校5年の時にJリーグがスタートして「将来はプロのサッカー選手になるんだ」と決めたはずだったのだが、実際の行動は違っていた。まだまだ、マネジメントのできる子供ではなかったのである。

今の僕からすれば、「練習に行かない川島永嗣」などはありえないが、サッカーの練習では、特に走ることが嫌いだった。たとえ小学生であっても、サッカーのクラブでは練習の最後に毎週、トラック5周を走るなどのメニューがあった。それも練習に行かなかった理由の一つだった。そんな人間が、高校になって人より努力することを信条にして、片道45分もかけて自転車で学校に通うようになるのだから変われば変わるものだ。

よく成功者は、子供の頃から常人以上の努力をしていたなどという逸話を聞いたり読んだりするが、みんながみんなそうではない。僕のように練習をさぼっていた失格者もいる。怠けてばかりいた弱い人間であっても、いつかは変われるのである。

負けん気だけで練習した中学時代

反骨心を行動力にする

マネジメントという作業を組み立てることができない人もいるだろう。僕にも、理屈が行動の出発点になっていない時代もあった。ただ負けたくないという反骨心だけはあった。時には、そういう反骨心が、行動力になると思う。

僕には、ジュニアユース、ユースなどのクラブの下部組織に属した経験はない。中学に進む際にも、ジュニアユースという選択肢はなかった。クラブチームの下部組織はズバ抜けてサッカーの上手い人が行くものだという固定観念があった。僕は小学校5年になってようやく練習に行き始めたというレベルで、市の選抜チームにも選ばれていない。しかし、運良く僕の学区にあって進学する予定だった与野西中学校はサッカーが強かった。サッカー部は、常に県選抜に行くようなレベルにあったから、迷うことなく与野西中学校に進み、サッカー部に入った。

小学校の時は、キーパーをやりたかったが、人数が少なかったためフィールドプレイヤーに回されることの方が多かった。ほとんど全部のポジションをやったが、結果的に走れないからスイーパーに落ち着いた。調子に乗って、たまにドリブルで勝負したりすると、「ハアハア」と息が上がって、元のポジションに帰れないような選手だった。キーパーへの思い入れが捨てられず中学校では、「キーパー一本」のつもりで取り組もうとしたのだが、まだ身長も163センチと低く、悲しいくらいにキック力もなかった。

同じ学年には、もう一人キーパーがいて、彼の身体能力は、とにかく群を抜いていた。市の選抜のキーパーで、中学生なのに50メートルを6秒前半ぐらいで走れた。キックも飛ぶ。身長は僕と同じくらいしかなかったが、パワーがあって反射神経に優れていた。その彼と、並んで何かをすると能力の差は一目瞭然《りょうぜん》だった。僕のキックはペナルティエリアを出るか出ないかの距離しか飛ばない。とにかくボールが転がってばかりで上に上がらなかった。そのキーパーは、上の年代のメンバーに抜擢《ばってき》されていたが、僕は当然入れない。同じ年代なのに、なぜ、ここまで差があるのか。そう考えると、悔しくて情けなくて泣いて家に帰った。

しかし、負けん気だけは強かった。

僕は、ひたすらネットに向かってボールを蹴るという自主トレを始めた。それは、努力や練習をすれば成長できるということを考えての行動ではない。まだ中学生にマネジメントの理論は構築されていない。ただ、「負けたくない」「距離が出ないと恥ずかしい」という反骨心だけで、ネットに向かってボールを蹴っていた。そういう努力の成果は、目に見えて現れ、フィードの飛距離はグングン伸びた。

サッカー部の柏悦郎《かしわえつろう》先生は、漠然と練習するのではなく、何のための練習か、どこをどうするための練習かという理由付けを常に説明してくれた。練習を実戦で役立てるために「考えること」の大切さを教えてくれた先生だった。キーパー練習にも最先端の練習メニューを導入したりして、刺激を与えてくれた。

中学2年になると、僕は埼玉の南部選抜、県選抜に選ばれてドイツ、オランダ遠征をしている。僕が選ばれたのはやや唐突に思えたが、柏先生は、県や地域のサッカー協会第3種委員としてユースを育成するトレセンの活動もされていたから、きっと先生の大きな後押しがあったのだろう。しかし、そこでは練習についていくのがやっとだった。

当時の埼玉県選抜がやろうとしていたのは「世界に通用する選手を作ろう」というコンセプトで、オランダの名門チームであるアヤックスで行われているメニューなどを取り入れていた。中学ではやらないような戦術的な練習をやった。言葉が理解できないカタカナの専門用語もしょっちゅう出てくる。

中学校時代は、サッカーの知識も詰め込んでいなかったから、まるでわからなかった。これまで市の選抜にも入れなかった僕が、いきなり南部選抜、県選抜というエリートメンバーの中に放り込まれて、そこには居場所もなかった。会話にも入っていくことができず、選ばれたことは光栄で嬉《うれ》しかったけれど、逆にコンプレックスの方を強く感じた。

それでも僕は、いつのまにか、あんなに能力で差のあったライバルのキーパーを抜き去っていた。目の前のことを精一杯に無我夢中でこなしているうちに、そこにたどり着いていた。

逆算のマネジメントの原点は、理路整然としたものではなく、反骨心である。

ゆっくりと右肩上がりの線を描くのが理想形

自分の人生をグラフ化してみる

自分の人生をグラフ化してみると面白い。

縦軸に活躍度、横軸を時間にして、グラフ化してみるのだ。俯瞰《ふかん》で人生を捉《とら》え、逆算のマネジメントの参考になる長期的ビジョンを考えるきっかけにもなる。

アスリートで言えば、2種類の競技人生スタイルがあると思っている。天才的なシンデレラスタイルと、努力を軸とした計画晩成型の二つだ。

シンデレラのように一気にスターダムに駆け上がって、スポットライトを浴びるが、輝く時間は一瞬で、その後は、まるで坂を転げ落ちるかのように調子を落として表舞台から消えるタイプの選手は珍しくない。再び、脚光を浴びることもあるが、それはあまり長続きをしない。そんなサッカー人生は、激しく波が上下する線を描くだろう。

そして、もう一つは、徐々にスキルと実力を上げていき、ゆっくりと右肩上がりのグラフを描くタイプ。ある地点に達すると、それを維持しながら、グラフの線を長く横軸と平行に安定したラインを保つことができる、晩成型の選手だ。

僕は、どう見ても極端にグラフのラインが上がったり下がったりするタイプではない。むしろ、そうはなれなかった。10年のプロ生活を振り返っても、僕は大宮、名古屋で試合に出られない時間のほうが長かった。

理想の人生グラフは、先を見据えてなだらかに右肩上がりの線を描くことだ。それはあくまでも理想で、ずっと右肩上がりにはならないと思う。きっと、どこかで上がり下がりはあるだろう。人生には、いい時もあれば悪い時もある。そういう上下動を乗り越えながら、少しずつでもいいから右肩上がりのグラフを描きたいのだ。

ある点に到達すれば、それ以上、グラフを上昇させることは難しくなるかもしれない。ただ僕は、平行グラフ、すなわち安定ということは一切考えていない。

未完成の自分を高めるために次なる目標を常に描きながら、少しでもいいので右肩上がりのグラフを描く人生を目指していきたいのである。

ちなみに、サッカーの人生グラフの現在値を自分で分析するならば、少しずつ右上へ上がっている最中だろう。しかし、その点の位置は、まだ高い位置にはない。

ユースではなく高校サッカーを選んだ理由

遠回りになっても自分の意志や好奇心に素直に従う

夢を実現するためには、誰もが近道を選びたいだろう。わざわざ遠回りする必要はないが、最短距離だけが決してベストな選択ではない。時には、遠回りすることにも意義がある。

僕が浦和東高校への進学を決めた理由は『オフサイド』（塀内夏子《へいうちなつこ》作・講談社）という漫画の影響が大きい。一つ年上の兄が自宅に揃えていたので小学校の頃から読んでいた。主人公の一人がGKだという珍しいストーリー展開も好奇心に火をつけたのかもしれない。その漫画の刺激を受けて、正月の国立競技場を目指す高校サッカーへの憧れが増した。

その頃、浦和レッズからユース入団の話があった。プロになるのなら、クラブチームに高校生の段階で入団した方が可能性は高まる。浦和レッズに気持ちは傾いていたが、ちょうど、そのタイミングで、『オフサイド』を、再び読み始めていた。昔、思い描いた一つのストーリーが蘇《よみがえ》ってきた。高校サッカーで活躍して、そこからプロにスカウトされるという未来図である。

プロという大目標があったが、そこに到達する道は、一つだけだろうかとも考えた。贅沢《ぜいたく》かもしれないが、高校サッカーという近くにある夢と、プロという少しだけ先にある夢のどちらも実現できるのではないかと欲張った。プロに行くためには、まずは下部組織であるクラブチームに行くことが近道かもしれない。きっとプロになれる可能性は高いだろう。しかし、高校サッカーをやってプロに行くというパターンも可能ではないか。高校サッカーで活躍してメジャーになって、そのままプロに行くスター選手も必ずいる。僕が、それを目標とするのも間違いではない。

今になっても、この時の選択は間違っていなかったと思う。夢を実現するには、決して常に最短距離だけを選ばなくともいい。多少遠回りになっても、そのときの自分の意志や好奇心に素直に従うことも必要である。

両親は、浦和レッズからユースの話が来たときは、「いいんじゃないか」と賛成してくれていた。もしレッズのユースに進むとすれば、高校は、実家から門が見えるほど近くにある与野高校に通える。しかも当時の自分の偏差値より高い高校だったので悪い話ではない。

しかし、僕は、「自分がやりたい」という意志に従った。それほど悩んだ記憶はない。やりたい方に行こうという単純な動機で、両親も、僕の意志を尊重してくれた。

僕が中学を卒業する年に浦和東高は、全国高校サッカー選手権への出場を決めていて、試合も観戦に行った。春休みの段階でもう練習にも参加させてもらった。

グラウンドは芝生ではなかったけれど、ナイター設備もあり、用具などサッカーをやる環境は充実していた。監督の野崎先生は怖そうだったが、とても中学の柏悦郎先生に似ていた。常に生徒の立場に立って考えてくれる人格者であることがわかった。そして今後も、全国高校サッカー選手権に出場する可能性の高い強豪高校であったことが気に入った。加えて、（結果的に、まんまとだまされることになったのだが）入学前に野崎先生が「うちの学校は他の学校みたいに練習でむやみに走らせない。そこは他の学校のサッカー部とは違う」と仰《おっしゃ》っていたので、その考え方と、練習の中身に僕は強く共感を覚えた。走るのが嫌いだった僕にはうってつけのチームカラーに映ったわけである。

短期のマネジメントを覚えた高校時代

マネジメントには、短期のスパンのマネジメントと長期のスパンのマネジメントがある。今月の売上目標と1年の売上目標というように、ビジネスマンがマネジメント期間に長短を分けて考えるのと同じだ。短期のマネジメントの方が、目標到達へのプロセスがより具体的になりやすい。そして結果もすぐに出るから、次への対策もさらに具体的になっていく。モチベーションも作りやすい。考えてみれば、高校時代は短期のマネジメントに終始していた。

浦和東高は県立高校だったが、当時のサッカー部は、総勢180人を超えるマンモスクラブで、大げさに言えば1年の男子の3分の1がサッカー部員というほどの人数が入部した。本来は、激戦区ではないはずのキーパーだけでも同じ学年に6人はいた。すでにチームは、トップ、サテライト、ユースに分かれていた。つまり、一軍、二軍、三軍だ。1年生も、ただボール拾いをするとかではなく、三つのチームを作って、それぞれが活動できるような合理的システムになっていた。僕は幸いにも入学する前の春休みから練習参加していて、すぐにトップチームに入れてもらった。今でも当時の同窓生が集まると、「おまえだけ下をまったく経験していなかったな」と皮肉を言われるが、高校入学時から即戦力として扱われていた。

1年生からトップチームに引き上げられて、その力は、一応は認められていたけれど、まだ、試合には出してもらえなかった。浦和東という強豪校で1年生が試合に出られないという現実は、当たり前のことだったかもしれないが、そこに居座ったままでいることには我慢できなかった。「試合に出たい」「もっとうまくなりたい」という負けん気が顔をのぞかせた。では、どうすれば試合に出ることができるのか。

そこで野崎先生の言葉をまた思い出した。

「自分たちに何が足りないかを見極め、そのためには何をしなければならないのかを考えろ」

野崎先生は、個人的に呼び出して、懇々と説教をするというタイプではない。根性論的な指導の傾向もあったが、目標を設定して、そのために必要なものを考え、そして努力を続けなければ目標にたどり着けないという、アスリートのとるべき理想像のようなものをイメージ化させてくれたのだった。

僕は、一つひとつの大会を区切りに目標を立て、どうすれば試合に出してもらえるかを考えて練習に取り組んでいた。

「この次の大会には絶対出たい。それがダメだったら、また次の大会だ」

そういう目標の区切り方をしながら、どこかでチャンスが来るのではないかと、僕なりの努力を続けていた。短期のセルフマネジメントである。

1年生の時は、チャンスらしいチャンスは巡って来なかったが、たった一度だけ公式戦出場の機会をもらった。インターハイの準々決勝の市立船橋戦。スコアは、0‐5で、もう敗戦が決定的となったタイミングの確か残り5分ぐらいで試合に出してもらった。しかし、僕は、そのデビュー戦で、悪夢の6点目を取られたのだ。サブのメンバーに入れてもらいながら試合に出ていないのは僕だけだった。公式戦に出場できた喜びよりも、そこで1点を決められたショックの方が大きかったのである。

川島ノートの変遷

目標設定やその時の感情は、シンプルな形で残しておく

ビジネスマンは達成目標をビジネスシートという形に残す。そのシートも自分に向けての内向きのビジネス達成シートと、上司に対して報告するシートがあるだろう。プロのアスリートの場合、目標設定というものは、それぞれの心の中にあるものだが、僕はノートに書くという形で残している。フランスの哲学者の言葉を借りれば、その作業を「エクリチュール」（フランス語で書くことの意味）と言うそうである。

僕のノートには結構な変遷があって、現在のそれは練習日誌的なものではない。形式を整えてもいない。普通のノートに、節目、節目の出来事と、これだけは忘れたくないなというものを短く書き残すスタイルである。２０１１年で言えばリールセの残留が決まった日やアジアカップの後くらいしか書いていない。多くの文章量を書くわけではないから中身はだいたい記憶している。後からノートを見て反省して気付くこともある。

大きい目標や節目での気持ちを要所で整理していけば点になる。後で、その点を結んで線にする作業も大切である。線にすることで自分の軌跡を客観的に観ることができる。長期的視野に立った自己分析の手法である。すると、また次のマネジメントに対するヒントが生まれてくる。ノートは、マネジメントをする上で重要な位置を占めるものだが、実は、こういう簡潔なスタイルのノートになったのは最近のことなのだ。

浦和東高からスタートしたノート。最初は綿密に書いた

そもそもノートを付け始めたのは浦和東高校時代だ。顧問の野崎正治先生の教えに従った練習日記のようなもので、中身は、練習メニューや反省文などである。そこからノートは、ずっと継続していたが、名古屋時代には、ビジネスにおける目標の立て方、プランニングというものが、アスリートにも通じるところがあると考え、記述はより細かくなった。練習メニューはもちろんのこと、心理状態や、どうすべきだったかというオ

ピニオンまで、その日あったことを綿密に文章化していた。

名古屋時代は、試合で使ってもらえないから、なおさらノートに書く作業でもしておかないと気がすまない。一日、一日、自分が成長していないと、いつまでたってもピッチには立てないことはわかっている。だが、試合に出ていないから、果たして自分が落ちているのか、上達しているのかがわからなくなるのだ。ノートでも細かくつけておかねば、自分自身で成長の跡を確認できなかったのである。当時のノートへの記述の量は半端ではなかった。川崎に移籍して試合に出られるようになってからも、そのノートは続けていた。

試合の前に対戦相手を自分なりにスカウティングして、相手の特徴、それに対処するためのポイント、注意点をノートに書き出していた。

しかし、川崎の3年目、2009年になって、そのノートに変化が訪れる。しっかりと反省をして、理想を掲げ、それにアプローチする方法論まですべて考えてノートに整理してあるのに、現実の結果とは程遠い。そういうジレンマが生まれてきた。どうも、しっくりこないのである。

これは、ビジネスシーンでも同じことだと思う。計算し尽くしたプランを練って完璧《かんぺき》な報告書や企画書を仕上げても、それが必ずしも成功につながるとは限らない。

「わかっているからできること」と、「わかっていてもできないこと」が出てくる。しかし、その「わかっていてもできない」というジレンマを解決するには、机上で考え、ノート上でいくら分析、記述しても何も解決されないのだ。その書いている一瞬、考えている一瞬のロジックを実践と結果につなげるには、違った働きかけが必要だと考えた。その理論上のものを、自分の本当の血や肉にしてしまわなければならないのだ。

そこで僕は、ある時を境にディテールまでをノートに書くことはやめた。キーパーは、試合の流れや戦術を理解した上でプレーしなければならないが、ピッチ上で、最後の最後、シュートを止めねばならない時に考えていたら遅いのである。

ピッチのギリギリの局面で求められるのは、反応なのだ。

ノートに綿密に書くのではなく、できるだけ自分の感覚の中に記憶を残していくことを心がけた。書いて頭で覚えるのではなく、自分の心に置き留めることで、体が反応するという形にできるのではないかと考えたのである。一瞬の反応を意識した準備である。

そういう変遷を経て、現在のノートは実にシンプルなスタイルとなっている。

後悔しない人生を歩む方法

自分で決めた決断に誇りを持つ

目標達成のために、まずは課題を因数分解し、その解決方法を考え、手法を立案して、実行するというマネジメントについては、すでに説明した。そして僕は高校時代に、プロサッカー選手になるための最終的なマネジメントにチャレンジした。

浦和東高校2年の終わりには進路を決めなければならなかった。僕の中では、すでにプロという結論が出ていた。進路相談で野崎先生にもプロ志望を伝え、「もし可能でしたらJリーグのクラブの練習に参加してみたいんです」と相談した。野崎先生は、さっそく地元のクラブである浦和と大宮へ練習参加できるように取り計らってくれた。企業のリクルート戦略としてよくみられるインターン制度のようなものだ。

高校3年の春に浦和の練習に参加した僕は、強烈なショックを受けた。

まったくシュートが止められない。実力差を痛感した。シュートを打つ側も余裕で決めてくる。覚えているのは、福田正博《ふくだまさひろ》さんのシュート練習につきあった時のことで、僕は、数十本のシュート練習のうち、たったの1本も止めることができなかった。冷静に考えれば、ミスターレッズのシュートを、高校2年生がバンバン止めるほうがおかしいのかもしれないが、当時の僕は「プロのシュートを止めることもできずにプロになれるわけがない」と打ちひしがれた。

プロになるまで、もう1年しかないのだ。内定する選手は、夏には決まってしまう。

「このままでは、ちょっとプロは難しいかもしれない」

キーパーとして自分が持っている能力や技術のすべてが通用しないと思った。高2の段階で、県選抜に呼ばれたり、それなりの評価もされていて、周囲からも「川島はプロに行ける」という声もあった。なにより自分自身が密《ひそ》かに自信を持っていた。自分なりにプロへの道筋も描いていたが、突きつけられた現実は、厳しいものだった。

しかし、心は折らなかった。

かなり落ち込んだが、それ以上に、プロになりたいという気持ちが勝った。そこで発想を転換した。早い段階でプロの練習に参加させてもらい、現実を見て、プロのレベルを体験できた。自分でギャップを感じることができたのだから、時間はないが、どうすればプロになれるかを考えればいいのではないか。

小さい時には憧れのようなものだった「プロサッカー選手になる」という将来のビジョンが、どんどんリアルなものとして近づいてくる。時間も迫っている。どういう技術練習をその限られた時間に費やせばいいのかと考えたのである。

プロのスカウトの目を引く特訓メニューを考える

3年の夏の終わりぐらいには大宮の練習にも参加させてもらって「欲しい」という話をもらうことができた。ちなみに、その時の担当強化部長は、なでしこJAPANを率いて世界一監督となった佐々木則夫《ささきのりお》さんである。僕の両親への説得も含めて本当に熱意を持って誘ってくれた。僕の中では、大宮がオファーしてくれただけで、プロへのパスポートをもらったも同然で、心情的には万々歳だった。

しかし、野崎先生も両親もプロ入りには大反対だった。

「一つのクラブだけしか獲得意志を見せてくれないなら、それは周りから本当に実力を認められているわけじゃない。それならばプロに進まない方がいいのではないか。他のクラブも興味を持ってくれるようならば、話は別だろうけど」

そんな条件を提案された。

人生の大きな選択なのだから、先生や両親が慎重に構えるのは当然だった。

Jリーグのスカウトの方々に評価をしてもらう最後のチャンスが、高校3年の10月にある国体だった。僕は、プロのスカウトの目に留まるためには、どうすればいいのかという目標を立て、そのために必要な要素を自分なりにリストアップし、時間が限られている中でトレーニング方法を練った。ビジネス用語で言うロジカルシンキングを実行したのである。

そこで、キーパーとしてのベーシックな基礎能力を全体的に見直し、プロに認められるための秘策を練った。強化ポイントをキック、キャッチ、ハイボール処理の3点だけに絞ったのだ。その3種類のスキルの精度を徹底して高めてミスを減らす。プロのスカウトが好むような正確な動きを研ぎ澄ました。

2000年のとやま国体で僕がメンバーに選ばれた埼玉選抜は、1回戦は突破したものの2回戦で静岡選抜に0－1で敗れた。だが、しばらくして野崎先生から「他にもお前に興味を持っているクラブがあるぞ」と聞かされた。

Ｊ１のアビスパ福岡だった。最後に「もう大宮に決めます」と言う段階になって鹿島アントラーズからも打診があった。プロのスカウトに目をつけられるためのアプローチを考え、具体的な秘策を練り、練習を重ねた、マネジメントの成果が出たのである。

僕は、自信をつかんだ。限られた時間の中で目標設定→手段の確立→実行というプロセスを踏んだセルフマネジメントが間違いではなかったのだ。そういう成功体験が、「次はこうする」というさらなる自信と意欲につながっていくのである。

自らの強い意志を持って決断した人生にはやりがいが生まれる

僕には、物事の指針を決定する際の大原則がある。人の意見を聞くことは大事だが、ラストアンサーは自分で下すというポリシーである。あくまでも僕の指針なので、そのつもりで読んでいただきたいが、自分で決断を下すと、どんな結果になろうが、他者には責任転嫁できないから納得がいく。その決断は誇りを持てるものにもなる。

高校卒業時、両親は、最後の最後までプロ入りには反対だった。大宮以外のチームからオファーが来て、野崎先生や両親の条件をクリアしたはずだったが、それでも「もしすぐにプロに行ってうまくいかなかったらどうするんだ。大学に行ってからプロになっても遅くないじゃないか」と、プロより進学を強く勧められた。

両親は、「プロだけでなく大学の練習にも参加してみて選べばいいのではないか」と言うのである。プロという不安定な世界に入ろうとしている息子に、両親が、そういう考え方をするのは、もっともだと思う。しかし、自分の人生だから後悔はしたくない。

僕は、両親を説得するためにこんな話をした。

「もし大学に行って、そこでサッカーがうまくいかなくなった時に、それが自分の判断だったら、自分で納得して後悔もできる。だけど、もしお父さんの言うとおりにして失敗したら、将来、お父さんを恨むことになる」

自分で決断した結果ならば、それが失敗しても前向きに捉えられる。そういう強い意志をもって人生を決断した方が、やりがいや行動力にもつながる。

とはいうものの、考えてみれば大学のサッカー部の練習も見ていないのに大学は拒否というのもおかしな話だ。僕は、両親を説得するために妥協案をとることにした。大学の練習に参加してみて、プロの練習と比べて、「やっぱり僕はプロでやりたい」と、胸を張って伝えたかったのである。

高校3年の夏には、中央大、早稲田大、国士舘大の練習に参加した。面白いことに、この時参加した中央大のキャンプでは川崎フロンターレで共にプレーしたケンちゃん(中村憲剛《けんご》)も一緒だったし、国士舘大では、大宮に共に入団することになる木谷さん(木《き》谷公亮《たにこうすけ》=FC岐阜)が面倒を見てくれた。大学の練習は、高校に比べて面白いものだった。セレクションで全国から優秀な選手が集まっていてレベルも高い。

しかし、いくつか問題点があった。当時の大学では、ほとんどの場合、まだ芝ではなく土のグラウンドで4年間、練習をしなければならなかった。キーパーコーチがいる大学もあったが、プロに比べれば、その指導力は劣るだろう。自分を進歩させるには、プロのキーパーコーチがいて、芝生の環境で練習のできる、プロの環境の方がベターだと思った。選手として最も伸びる可能性のある18歳から22歳までの4年間に、その環境の差はあまりにも大きい。

物事を決定するのは、机上論ではダメだ。自分の目で確かめ、自ら結論を出す。僕は、実際に大学の練習を体験してみて、「今進むべき道はプロ」ということを再確認した。

親の言うように大学に進めば、サッカー選手として、もしダメになった時に、セカンドキャリアへ進みやすいのかもしれない。親の表現を借りれば「潰《つぶ》しがきく」という人生観だ。だが僕は、サッカーがダメになれば、それこそ工事現場で汗を流して働いて生活していけばいいと思っていた。自分が好きになった人と家族を持って一緒に小さくとも幸せな家庭を築けたらいいと考えていた。

僕にとっての幸福観である。たとえ、どんな仕事であっても、家族に対して愛情を注げるような人生ならば、それはそれで僕は幸せである。

僕が、こういう考えを抱くようになった背景には、自分の家庭が大きく影響している。川島家は、家族の誕生日やクリスマスなどは必ず全員が集まって祝うような、本当にアットホームで温かい家庭だった。父はサラリーマンだったが、経済的にも不自由を感じたことなどまったくなかった。ほんの小さなことでも幸せに感じるという幸福感は、そういう家族を大事にしてきた両親の影響を強く受けている。

僕は、この時、こんな話を両親にした。

「サッカーがダメになったら自分の好きな人と結婚して幸せな家庭を築く」

僕なりの将来設計図である。しかし、父親には「考え直せ」とたしなめられた。

今考えれば、甘い意見だったと思う。しかし、たとえどうなろうが食っていく生活力が自分にはあると信じていた。人生は、こうでなければならないという固定観念もなかった。それよりも自分が「こうなりたい」という納得のいく目標を立て、その手段、道筋は自分で考えていけばいいと思っていた。

大宮アルディージャでの人生最大の自信喪失

高いレベルに放り込まれれば、人はもがきながら順応していく

人間は逞《たくま》しい。

どんな環境に放り込まれても、もがき苦しみながら順応する力が備わっている。新しい環境に飛び込んで悩んでいる人には、ぜひ、この僕の体験を参考にしてもらいたい。

僕は、浦和東高を卒業すると当時はＪ２の大宮に入団した。他のクラブからもオファ

ーをいただいたが、ずっと大宮を念頭に置いて練習にも参加させてもらった。自信は喪失していたが、「試合に出られるチームに行きたい」という気持ちを最優先した。J1のチームに入って長く試合に出られないのなら、J2であろうと試合に出られる可能性の高いチームを選ぶのがベストだと考えて大宮を選択した。

いざプロの世界に入ってみると、「J2だから試合に出られそうだ」などという浅はかな幻想は、すぐに吹き飛んだ。練習に参加した時点で、プロとの違いをまざまざと見せつけられていたが、その差は簡単には埋まらず、試合出場どころかメンバーにも入れなかった。

完全に打ちのめされた。

まずキーパーコーチの指示通りにできない。

例えば、「前にセービングしなさい」「この角度でセービングしなさい」と言われても、そのコーチのイメージ通りのセービングができなかった。

「こうやって前へセービングできれば、ラインを消せるでしょう」と敵の攻撃ラインを消すための理論を説明された。今から考えれば、それはキーパーの基本中の基本なのだが、当時は初めて聞く理論で、「そうですよね」と頭で理解しても、実際の動きにつなげるには時間がかかった。シュート練習でも、まったくと言っていいほど止めることができない。高校時代に受けてきたシュートとは、まるでレベルが違った。スピード、威力、キーパーの動きを見ながらコントロールするテクニック。僕は完全に自信を喪失した。

人生で最も自信を失っていた時代だ。

「契約は3年あるけど、このままやって3年間出られないまま契約が切れたらどうしよう」

自分の未来を想像して途方に暮れていた。

高校までは完璧主義者だった。自分で「これをやる」と決めたことに対して、それをパーフェクトにやらなければ気がすまなかった。それを遂行することだけが成功への近道だと思っていた。実際、高校3年時には、プロ用のスキルを伸ばすことをマネジメントして手応《てごた》えはあった。多少はやれると思っていたが、その考えはあまりにも甘かった。僕の実力は、プロと名乗るには程遠いものだった。

現在では、ユース世代からキーパーの育成機関やシステムも確立されていて、当時のキーパーが置かれた状況とはかなり変化してきている。キーパーは専門職で、イタリアなどでは、幼少の頃から特別の教育を専門家に受け、基礎的な知識も技術も持ったままプロへ向かうというコンセンサスがある。対して僕はと言えば、浦和東高にはもちろんキーパーコーチもいなかったし、必要な専門知識も技術も持っていなかった。プロに入って、キーパー講座を一から勉強しなおさねばならなかった。

サッカーに対しての知識の深さもレベルも違っていた。先輩たちは、今まで耳にしたことがなかった高度な戦術論を交わしていた。一種のカルチャーショックである。

高校では、とにかく前にボールを蹴るスタイルがチームカラーだった。大宮に入団した当時の監督は三浦俊也《みうらとしや》さんだったが、トータルフットボールを標榜するオランダ人のピム・ファーベークさんが前任監督で、「ボールをつなぐサッカー」の流れをそのまま引き継ぎ、「4-4-2」のシステムを構築していた。ボールをどこでつなぐか、どこで蹴るかという判断の基準が、これまでの僕のサッカー観では理解不能だった。

「そこは蹴るのでは?」とか「なぜ、そこでつながない?」という、思考ギャップがいくつも生まれてついていけない。高体連の「蹴るサッカー」と、大人の「ポゼッションサッカー」との狭間《はざま》に叩《たた》き落とされたような感じだった。

パス練習一つにしても注文が高度だった。例えば「予備動作の動きをするからボールを止めないで蹴ってくれ」「一度、動かしてから蹴ってくれ」と言われる。そのタイミングが難しい。誰もが、そういう細かい部分にこだわっていて戦術に対する意識レベルが非常に高いのだ。

そういう要求や注文に、一発で答えを返すほどのスキルが僕にはなかった。練習の中で問題が解消されていけば自信も蘇ったのかもしれないが、練習をすればするほど自信を失っていく。ボール回しでミスをすれば注意され、シュート練習でも僕がキーパーの時は、決められて当たり前のような空気が流れた。

とても苦しかったが、この時代の辛苦が、僕のサッカー観を変えるきっかけになった。先輩のケンさん(岩瀬健《いわせけん》)や、アキさん(小坂昭典《こさかあきのり》)と、練習後にいつもランチを共にしながら、この練習の目的は、こうだった、どうだったと、議論を重ねた。それが僕にとって貴重な勉強の時間になった。

高いレベルに放り込まれれば、人間はそこで、なんとか順応しよう、ついていこうと努力するものだ。苦しみもがきながらも、戦闘を放棄せず、100%の努力を続ければ必ずレベルは少しずつだが上がっていく。流れる水を手ですくえば指の間から、ほとんどの水がこぼれて落ちるが、ほんのわずかな水滴は掌《てのひら》には残る。そういう地道な歩みである。

僕は、この頃もチーム練習以外の時間での自主トレは欠かさなかった。大宮の1年目ではゼロ、2年目でようやく8試合しか出場はできなかったが、試合のメンバーに入ることのできないサブ組の意識が高かったことは幸運だった。それぞれが向上心を持って練習をしていたから充実できる一面もあった。サッカーを学ぶことのできた貴重な時間だった。自分の周りにはサッカーを追求する人が多かった。遠征メンバーに選ばれなかったメンバーも高いモチベーションを持っていた。時には、たった数人で練習しなければならないケースもあったが、それは有意義な時間だった。そういう小さな喜びを味方につけながら、あきらめず努力を継続したことで、「3年でプロ生活も終わりだ」と思いつめていたようなひ弱だった選手が、3年目になって、レギュラーの座を射止めることができたのである。

一冊の本との出逢いによって生まれた危機感

今やっていることが2、3年後の自分を決める

今となっては読書は僕の人生の一部だが、中学、高校時代には教科書以外の本など一切、読まなかった。大宮に入団してプロサッカー選手となってからも、読書に興味はなく、サッカーに応用できるようなビジネススキルやマネジメントについても関心がなかった。

転機は2003年の2月である。大宮のキャンプに行く際に、読書が趣味の先輩に、「何か面白い本を貸してください」と頼んで一冊の本を貸してもらった。「キャンプでは練習以外の時間もたっぷりある」という、あまり褒められたものではない動機で借りた本が、僕の中に隠れていた好奇心を覚醒《かくせい》させた。読書が趣味となると同時に人生観を大きく変えるきっかけとなったのだ。

僕にインパクトを与えた、その一冊の本は、落合信彦《おちあいのぶひこ》さん著の『命の使い方』（小学館／1997年）だった。雑誌連載をまとめた自己啓発本で、「若さには必ず反発力というパワーが秘められていて、それを軸に自分の人生の過去、現在、未来をじっくり見つめるのだ。そうすれば、新しい価値観にもとづいた人生がおぼろげながらも見えてく

る」と書いてあった。

「今日やっていることが3年後の自分をつくるのだと思え」

「これから何をやるのかを目標としてセットアップしておけ」

「勝負に全部勝つ必要はない。失敗は自らをレベルアップしてくれる」

この本を読んだ時に、そういう言葉の数々に素直に共感した。振り返れば、今まで漫画以外まともに本を読んだことがない。国語も好きではなかった。しかし、この本を読んで視界がさっと開けるくらいの衝撃を受けた。

サッカー選手は、当然、サッカーが中心の生活になるけれど、空いている時間もたくさんある。その時間に勉強もしないでただ漠然とサッカーだけをしていれば、数年後には、サッカー以外に何も持っていないサッカー馬鹿になってしまうのではないか。中身のない、何も持っていない空っぽの人間になってしまうのではないか。

そんな人生は決して豊かではない。僕は、危機感を覚えた。サッカー選手として成長する上で、そこに人間的な成長を伴っていなければ、プロサッカー選手として未完成のままになると思ったのである。

そこから本を読むことが好きになり、読書の時間が増えた。そして時間をマネジメントするという新しい価値観が開けた。人生を変えた一冊の本とも言える。

大宮から名古屋への移籍決断の理由

一流のレベルを身近に感じてみる

日本の高度成長期を支えた企業の終身雇用は、もはや過去の産物となっているというが、プロフェッショナルの世界であるサッカー界には、元々、そういう風土はない。ステップアップのためのチーム移籍は、欧米ではマーケットとして存在して、ビジネス化している。しかし、そこには当然のように自己責任がつきまとう。ビジネスマンが会社を移る決断と同じで、新しい勤め先が倒産するかもしれない、自らがノルマを果たせず解雇されるかもしれないというリスクもある。移籍には必ずリスクが伴う。しかし、環境を変えることで自らの進化を加速させることがある。20歳の頃、僕は大宮から名古屋への移籍を決断した。

迷いもあった。そもそもヨーイドンで出遅れた。ちょうどアテネ五輪代表候補の合宿と、名古屋のキャンプが重なって、ほとんどクラブの練習には参加できないという状況だった。正キーパーは日本代表の楢さん（楢崎正剛）で首脳陣やチームメイトから絶大なる信頼を得ている。その信頼関係を僕が打ち破ってポジションを獲得せねばならないのに、その準備期間にキャンプに合流できないことは大きなハンディキャップだった。

「これでは、J1のチームへの移籍を決めても、試合に出られるのかどうかわからない。

そんな状況で、移籍を決めてしまってもいいのか」という迷いもあった。

しかし、大宮の3年目にレギュラーをつかんでいたから成長していたかと自問すると、そこに確信は持てなかった。もっと上のレベルのキーパーにステップアップするために必要なことが、試合に出ることだけではないとすれば、日本で一番レベルの高いキーパーを間近で体感できる意義の方が大きいのではないかと考えた。たとえ、最初は試合に出られないとしても、日本のトップレベルのキーパーのプレーを見ることが、最高の勉強や経験になるのではないかと、あえてイバラの道を歩むことを選択したのである。

例えば、ワインのアドバイザーやソムリエが最高級のワインを飲んでみる。画商が超一流の絵画をその目で見てみる。そういう感覚に近い。一流が醸し出すものは、直に触れてみなければわからないことがある。

僕が在籍していた当時の大宮は、主力選手のアクシデントが重なるなどしてJ1への昇格の機会を逃した。なおさらJ1のクラブに行きたいという欲求が僕の中で膨らんでいた。五輪の代表チームに呼ばれ、合宿で練習をしていて感じたのが、J1でプレーしている選手のスピード感の違いだ。可能ならばJ1のチームに環境を変えた方が、自分をレベルアップさせるには、最適だと感じるようになっていた。

移籍当時、周囲からは「なぜ名古屋へ行ったの?」と批判的に捉えられた。実際、楢さんの壁は高く、試合にも出られなかった。しかし、自分で決めた移籍だから誰かの責任にするわけにはいかない。「ぶれずに今できる100%の努力をしなければならない」と、自分に言い聞かせて前を向こうとした機会の方が多かったのである。

川崎フロンターレ時代のセルフマネジメント

環境が変われば評価も変わる

自分が掲げた目標を成し遂げたいと考え、実行に移しても、その途中段階で挫折《ざせつ》を味わうことがある。マイナスの局面に置かれた時に、それをどれだけプラスに変えていけるかが人間力を試される機会でもある。その局面を打破する時に、単純に「前向きにやります。ポジティブに考えます。頑張ります」では何も前進しない。まずは、そのマイナスの局面に陥った理由や要因を客観的にアナライズしなければならない。そして局面を打開するための具体的な手段を考え、取り組むのだ。

しかし、100%の誠実な努力を繰り返しても結果が出ない時もある。その時は、さらに問題解決の方法の角度を変える必要がある。「環境を変える」というのも一つの手段だろう。僕は2001年8月のパルマ留学時に、環境が変われば評価が変わることを体験していた。

最終的に僕は、3年間、名古屋に在籍した。名古屋とは2年契約だったが、3年目を迎えた時、僕にはまだ、このチームで「やりきった感」がなかった。完全燃焼していなかったのだ。試合に出たい気持ちは強かったし、このまま出られない状況が続くことが、僕のキーパーとしてのキャリアの上で、とても好ましくないことであることは、頭の中でわかっていた。だが、「自分がここで逃げたら、一生後悔するだろう」という思いが頭をもたげた。

そして、3年目にもチャレンジしたが、もう23歳になっていた。これまではなかった「やりきった感」が、心の中にはあったし、もうこれ以上、試合に出ないまま、燻《くすぶ》った時代を過ごしてはいられなかった。僕は「チームを移籍する」という方針を固めてチームと話をした。移籍先の条件としては、試合出場の可能性があり、優勝を狙えるチーム。いくつかのクラブの名前が挙がったが、前年にもオファーを出してくれていた川崎が、また興味を持ってくれた。

川崎が構築していたサッカーはやりがいのありそうなサッカーだった。

やりがいのあるサッカーとは、一つはキーパーが攻撃参加できるサッカーである。シンプルに攻撃の起点になるのは楽しい。キーパーの仕事は守りが主ではあるが、攻撃を含め、それ以外の役割はたくさんある。そういうキーパーの多様性が好きで、このポジションをスタートさせた以上、キーパーの仕事の可能性が広がるチームが理想だった。川崎は、キーパーとしても、攻撃のプラスになれそうなサッカーをしていた。自分がやっていて面白いと思えるサッカーだった。ＡＣＬ（アジアチャンピオンズリーグ）出場も決まっていて、Jリーグの優勝を狙えるチームという条件にも当てはまっていた。

高額な移籍金を出してまで欲しいとオファーしてくれたことも嬉しかった。その金額に見合うだけの価値ある仕事をしなければならないという宿命を背負ったが、そういうプレッシャーよりも、強い思いがあった。名古屋での屈辱の3年間を、この新天地で払拭《ふっしょく》したいという自尊心である。

名古屋では、ほとんど試合に出ることのないまま3年を過ごしたが、その3年間を「ブランク」と思われたくはなかった。その3年間の積み重ねはいつかブレイクするためのベース、準備の期間である。出場機会さえあれば、結果を出せるということを見せたくて仕方なかった。

僕は、チームのスタッフにお願いして前年の川崎の失点シーンを集めたDVDを用意してもらった。川崎は、失点数が多かった。攻撃的チームだから失点数が多いのは、ある程度仕方がないが、僕に期待されている仕事は、どれだけ失点を減らすことができるかである。どういう失点パターンが多いのかを分析し、僕ならば、そこをどう修正できるかを考えた。

傾向としては、チームが攻撃的であるがゆえのリスクとして、後ろを取られるシーンが多い。カウンターで切り裂かれているケースも目立った。みんなが攻撃のことを考えていてスキを突かれる。単純なミスもあった。守備のディシプリンが守れれば簡単に防ぐことのできた失点もあった。カウンターを受けそうならば、一旦《いったん》、プレーを止めるとか、後ろが準備をしておいてミスを減らすなどの手段がある。僕は、感じたことを遠慮することなくディフェンスの選手たちに伝えた。当時の川崎は攻撃的なチームだから、その長所を消す気はさらさらなかった。チームのスタイルは維持したまま、失点を減らしさえすれば、勝つチャンスが増える。僕だけでなく誰もがそう思っていた。

川崎は、そのシーズン、前年度の2位から5位に順位こそ落としたが、失点については改善させた。ナビスコカップではガンバ大阪に0－1で惜しくも敗れたが、7年ぶりの決勝進出を果たした。

第3章　日本代表になるためのマネジメント

2010年日本代表レギュラー化計画

夢に向かう努力を続ければ、いつか現実に近づく

僕には未完成な人間だという自覚がある。ただ、未完成だからと言って、不可能な夢を前にして闘いを放棄するほど愚かではない。たとえ、絶望するほどの時間がかかっても少しずつ少しずつ、現実の世界にたぐり寄せていくという夢があってもいい。

夢だったものを時間の経過と共に現実的な目標に変え、そして、夢が目標となった瞬間にマネジメントを意識するのだ。僕の日本代表レギュラー化計画が、まさにそのパターンだった。

日本代表のシンボルマークを胸に貼り付けてゴールマウスを守るという将来ビジョンを明確に描いたのは、いつ頃だっただろうか。日本代表が駆け足で歩んだ激動の歴史は、僕が小中学生の頃、何かと影響を受けやすい多感な時代と重なっている。

1993年10月の「ドーハの悲劇」。アメリカワールドカップのアジア地区最終予選のイラク戦は、僕が小学校5年生の時の出来事で、兄貴と二人、夜中にテレビにかじりついて見た。日本は、勝ちさえすればワールドカップに初出場できる状況だったが、ロ

スタイムに同点とされた。裏をかかれたようなショートコーナーからのヘディングシュートが、ゴールキーパーの松永成立《まつながしげたつ》さんの頭上をすっと越えていった瞬間、僕は悲しくて、アナログテレビのブラウン管の前で大粒の涙をこぼした。

日本がフランスワールドカップへ初出場を決めた1997年の「ジョホールバルの歓喜」の試合は、中学3年の時で、この試合も自宅のテレビで見ている。

今では、日本のワールドカップ出場は当たり前のように捉《とら》えられていて、それはそれで日本のサッカー界の急速な成長を物語っているのだが、当時はアジア予選を勝ち抜くことは、とても困難だった。4年前の「ドーハの悲劇」を乗り越え、岡野雅行《おかのまさゆき》さんのサヨナラゴールが決まった瞬間は、「凄《すご》いことが起きた！」とテレビの前で感動していた。

国を背負って戦うピッチは、憧《あこが》れというよりも夢の舞台だった。日の丸ジャージに袖《そで》を通して、国歌を斉唱する姿を見ながら、いつかあそこへ立ってみたいとは思ったけれど、それは遥《はる》か遠くにある夢のまた夢の世界の話。日本代表を現実的な目標として考え、そこから逆算のマネジメントをすることなど、とてもできなかった。

アンダー世代の代表経験

U―19の代表メンバーに選ばれたのが、2002年である。若い世代は、Jリーグの試合に出ていなくても将来性などを含めて選んでもらえる。浦和東高校時代から埼玉南部選抜、県選抜などに選ばれ、ゴールキーパートレセンなどに呼ばれ始めていて、U－18の活動がスタートした辺りから代表合宿に招聘《しょうへい》してもらえるようになった。ご承知のようにアンダー世代であっても、日の丸ジャージはA代表と同じものだ。とても不思議な気分だった。

雲の上の存在だと思っていた場所に自分が立って、国歌を歌い、日の丸のユニホームを着てプレーしている。実感など湧かず、ずっと不思議な感じがしてしょうがなかった。日本代表に選ばれるという遥か彼方にあると思っていた目標が、アンダー世代に選ばれるようになって、急に手の届きそうなものに感じられた。

大宮では1年目に1試合も試合出場することができなかったが、AFCのアジアユースのメンバーに選ばれた。イタリア・パルマへの1か月の留学を終えた後で、プロで通用しないと思い悩んでいたスキルの低さや、周囲の評価も気にならなくなり、小さな自信をつかんでいたタイミングと重なった。

その頃、2年目を迎える大宮では、チームの監督が三浦さんからオランダ人のヘンク・ヘンドリック・デュットさんに交代した。その新監督に僕は、こう言われた。

「これだけの期間、代表のためにチームを抜けるキーパーは、うちの正ゴールキーパーとしては使えないぞ」

新シーズンを前に「今年こそチャンスを奪う」と意気込んでいたが、その気勢をそがれるような発言にショックを受けた。

「なぜ、そういう発言をするのだろう？」と、なかなか、発言の真意を受け入れることができなかった。しかし、すぐさま思考を切り替えた。

「ならば、代表の方に集中しよう。それが自分のチャンスになるはずだ」

幸いにも、当時から僕には思考を切り替える力はあった。性格的なものかもしれないが、プラス思考で物事を捉えることができていた。そして、アンダー世代であっても、その日の丸のユニホームが、大宮でろくに試合に出ることのできなかった僕のサッカーへのモチベーションを支えてくれていた。

ブラジルとの敗戦で誓った決意

2002年10月にカタールで開催されたU―20のアジアユースで、僕は全試合のスタメンに抜擢《ばってき》された。準決勝のウズベキスタン戦は、PK戦にもつれ込んだが、僕が2本を止め決勝進出に貢献した。決勝では、韓国に0‐1で敗れたが、この頃は、U―22の代表にも飛び級で呼ばれていて、代表チームにおける目標の輪郭が見えていた。

ワールドユース、アテネ五輪と、アンダー世代の代表でポジションを確立しながらステップアップし、その次の世代でA代表に呼ばれようというプランである。

代表での合宿や試合は楽しかった。試合に出て自分を表現できることで充実していた。

イラク戦争の影響で2003年11月にズレこみ、UAEで開催されたワールドユースでも大熊清《おおくまきよし》監督に全試合にスタメン起用され、開幕戦で、イングランドを1-0で撃破。コロンビアには1-4で大敗したが、強豪国のエジプトを1-0で下してグループリーグをトップ通過した。決勝トーナメントでは、宿敵の韓国に0-1から追いついて延長戦に突入。坂田大輔《さかただいすけ》（＝アビスパ福岡）のゴールデンゴールでベスト8進出を果たした。しかし、続く準々決勝のブラジル戦で、僕は、初めて世界の壁を思い知らされることになる。

1-5。砂塵《さじん》に見舞われたドバイのピッチに屈辱のスコアを残した。開始からたった15分で3点を失い、力の差をまざまざと見せつけられた。

僕は、号泣した。

メンバーには、コンちゃん（今野泰幸《こんのやすゆき》＝ガンバ大阪）、ソウタ（平山相太《ひらやまそうた》＝FC東京）らがいたが、大きなポテンシャルがあるチームとは言えず、一試合、一試合、成長を続け、団結力を強くしながら勝ち進んでいた。イングランドやエジプトに勝つことはできたが、ブラジルはそれらの強豪国と比べても、レベルがもうワンランク、ツーランク飛び抜けて上にあった。

センセーショナルだった。

「フル代表に入れないメンバーでこれだけ凄いのか」と驚くほど個人能力は高かった。シュートは、ことごとく決める。簡単に外さない。チャンスだと思えば、凄《すさ》まじい集中力を発揮して、怒濤《どとう》の攻撃力を見せる。バルセロナのサイドバック、ダニエウ・アウヴェスがいたのだが、当時から攻撃だけではなく守備もできて、1対1では100%抜かせなかった。結局、ブラジルがこの大会で優勝した。

僕は、泣きながら、この試合で一つの決意をしている。

「二度と、こういう思いはしたくない。今後、フル代表として世界と対戦する時がくるだろう。その時に、また『日本と世界とは差がある』なんて言い訳は絶対にしたくない」

世界の壁を知るのは、この時だけで十分だ……そう自らに誓った。そして、その誓いが、海外移籍、日本代表への決意へとつながっていくのである。

アテネ五輪の代表メンバーからの落選

組織やチームのために自分は何ができるかを考える

自分が会社のために何ができるのか、組織のために何ができるか、チームのために何ができるかということを考察するのは意義深い行為だ。えてして人は、自分のスキルを含めた成長には関心が高いが、自己犠牲や社会的な役割について考える機会は少ない。自己犠牲の必要性を真剣に考えるきっかけとなるのは、望まざることかもしれないが、挫折《ざせつ》である。

僕は、U—19から代表選出され、アジアユース、ワールドユースとレギュラーとして国際経験を積んだが、本音の部分では、ワールドユースよりも2004年のアテネ五輪の方が大きい舞台だと捉えていた。その価値のある大会に、ぜひ行きたいと意欲は満々だったが、アテネ五輪のアジア予選でゴールマウスを守ったのは、主にタクト（林卓人《たくと》＝サンフレッチェ広島）で、僕は試合に使ってもらえなかった。ワールドユースで正キーパーとしてプレーしていたという流れから、僕にもチャンスがあると目論《もくろ》んでいたが、その考えは甘かった。試合に出るどころか最終的には、代表メンバーにさえ招集されなかった。ちなみに、アテネ五輪の正キーパーを射止めたのは、ソガさん（曽《そ》ヶ端準《がはたひとし》＝鹿島アントラーズ）である。

実力が横一線の中から、どのキーパーを選ぶかという選択には監督の好みもある。しかし、僕は僕なりに、なぜ自分が選ばれなかったかを自己分析してみた。ビジネス用語で言う問題点、「ボトルネック」を探した。可能な限り客観的に第三者的な目で導き出した答えは、「そこまでチームのことを考えていなかったのではないか」というものだった。

試合に出ていようが、出ていまいが、常にチームのために何ができるかという姿勢がないと当時の山本昌邦《まさくに》監督としても選びたくなかったと思う。3番手のGKという選択肢もあった。U—20のカテゴリーだった僕を、経験を積ませるという若さの特権で入れてもよかったはずだが呼ばれない。僕には、出場できない時も全力でチームをサポートしようという姿勢や気持ちが欠けていたのだ。

自分の態度や姿勢を振り返ってみると、試合に出してもらえない時は、それが納得できなかったし、「なぜ試合に出さないのに、代表メンバーに呼ぶのだろうか」と不貞腐《ふてくさ》れた態度をモロに出していた。恥ずかしい話だが、当時は感情もコントロールできず、思考回路も幼かった。

しかし、アテネ五輪代表に落ちて、移籍を決めた名古屋でも試合に出られないという状況の中、僕は、「たとえ試合に出ていても出ていなくても、チームのために自分に何ができるのかを考えていかねばならない」と思うようになっていた。

まだまだちっぽけなものだったが、自己犠牲やフォア・ザ・チームの精神が芽生えてきていたのだろう。僕は、晴れ舞台から外されたことで反省し、その結論にいきついた。名古屋で試合に出られない時も、「チームのためにやれることをサポートして頑張ろう」と気持ちと行動にも変化が表れた。

2010年南アフリカへの照準

名古屋の3年目、チームでも試合に出られないことが変わらず悶々《もんもん》としていた時代に2006年のドイツワールドカップが過ぎ去った。Jリーグにも出場もしていない選手が代表に呼ばれるわけもなく、僕は、仕方なく日本代表レギュラー化計画を修正していた。

「2010年の南アフリカでチャンスがあればつかまえにいかねばならない」

そして2007年2月に日本代表のA代表の合宿に初招集されたのである。監督は、名将のイビチャ・オシムさん。ちょうど名古屋から川崎に移籍したばかりで、ほとんど試合にも出ていない僕が選ばれたことには驚きがあった。これから川崎でレギュラーを奪い、日本代表へもアピールしていかねばならないと考えていた矢先の代表入りに驚くと同時に、運命的なものも感じた。試合には出ていないが、どこかで自分の能力と努力を見てもらえていたのかと思うと、無性に嬉《うれ》しかった。

アンダー世代の代表には選ばれていたが、A代表の肩書きは、それとは違ってとても重いものだった。あくまでも個人的な感想だが、アンダー世代の代表には張り詰めた緊張感がなかったと思う。しかし、オシム監督が指揮する日本代表の雰囲気は、まるで違っていた。

2007年3月のペルーとの親善試合に呼ばれた時には、タカさん（高原直泰《たかはらなおひろ》＝東京ヴェルディ）とシュンさん（中村俊輔《しゅんすけ》＝横浜Fマリノス）が合流していた。シュート練習の相手を務めたが、そのスキルも雰囲気も含めて「この人たちは違う」というオーラが漂っていて、ある種の衝撃があった。同時に高いレベルを感じ取ることができたという充実感もあった。

「敵に息をさせないくらいに走れ」「自分で考えよ」「速く！　コレクティブに！」というオシムさんの指示についていくのは簡単ではなかったが、それ以上に大きなインパクトを受けた。オシムさんが選んだチームの一員となった僕は、日本の代表キーパーとして恥ずかしくない行動をしなければならないという責任感を持つようになった。その重みはアンダー世代の代表ではなかったものだ。ぼやっとしていた目標の輪郭が、この２００７年の段階で、ハッキリとした。２０１０年の南アフリカワールドカップのピッチに立つことである。

南アフリカの地で、代表メンバーに選出されピッチに立つためには、今からの4年間、何をして、どういう時間を過ごさねばならないのか。そのアプローチを具体的にプランニングすることになった。２０１０年日本代表レギュラー化計画は、この時、僕の中で棟上げ式を迎えたのである。

明確な目標設定を行い、逆算のマネジメントに取り組むと、達成した時は、計り知れない喜びに包まれるが、そのプロセスでは何倍も苦しむ。目標を定め、そのためにすべきことを決めるわけだから逆算のマネジメントは自分で自分を追い込む行為とも言える。「２０１０年の南アフリカワールドカップでは日本代表として試合に出たい」という決意を固めたから、なおさら、近づいてきたチャンスをみすみす、自分の失敗で逃した時は耐えられない辛《つら》さだった。試合に出たいのに、ベンチはおろか、スタジアムの観客席から、代表の試合を見なければならないという葛藤《かっとう》に苦しめられた。

イングランド戦での開き直り

失敗しても失うものは何もない

体験や経験は人間を変える。その体験が、濃く苦いものであればあるだけ、人間は強くなれる。南アフリカのワールドカップに向かうロードマップの中で僕は、自分が歩いてきた過去の教訓に助けられた。もし、今、何かしら苦境のど真ん中にいる人は、僕の体験を参考にして欲しい。その苦境が大きいほど人間は強くなれるのだ。

高地順応するために行ったスイス合宿では、最後の親善試合が2試合組まれていた。いずれも世界ランクでは日本より遥か上にいるイングランドとコートジボワールである。通例、出場メンバーは、試合直前に行う紅白戦でわかる。スタメン組とサブ組の紅白に分かれてプレーし、レギュラー組の連携を確認するのである。

イングランド戦の前々日は、紅白戦のレギュラー組のスタメンGKは、楢さんだった。僕は、後半から交替で出場したが、その状況からするとワールドカップ出場の希望は極めて薄いものになっていた。僕も「ワールドカップのスタメンは、結局ない」と思わざるを得なかった。

すると、いきなりイングランド戦の前日の5月29日に、コーチから「明日は準備しておけよ」と言われた。

「いつでも準備していますよ」と、軽口を叩《たた》いたが、実際、試合前日の紅白戦では、レギュラー組のメンバーに選ばれた。イングランド戦はスタメン出場できるのかもしれないと想像を膨らませたが、岡田武史《たけし》監督からは、それらしい話もなく、正直、実感は湧かなかった。

僕は今までの経験を思い返していた。これまでも何回か大きなチャンスを逃した。なぜ、失敗したのか。その時、僕はどういう心理でいたのかを冷静に振り返ってみた。

「このチャンスを必ずモノにしてやる」と、必要以上に気負い、空回りしていた。

「楢さんに勝っているところを見せなければならない」と力んでいた。

名古屋では楢さんが怪我をして、僕がチャンスをもらっていた時期があった。楢さんが故障から戻っても、まだ僕の試合出場は続いていた。しかし、結果的にレギュラーの獲得には至らなかった。僕は、その時、試合に出ていた自分に満足してしまっていた。結果論で言うと、レギュラーを奪うという強い意志は持っていなかったのである。

気負うことなく、なおかつ強い意志を示す。それは極めて難しい仕事ではあるが、もう、この期に及んで、「楢さんに能活さんに勝っているところを見せなければいけない」という考え方は捨てた。完全に吹っ切れていた。達観の境地である。自然体の100%の自分を出せばいい。相手も、イングランドという超一流国なのだ。

いい試合ができるか、逆にボロボロにやられるか。どうせ、二つに一つならば、思い切って勝負するしかない。今の自分はそれ以上でもなければそれ以下でもない。

「今までいろんなことがあった。今さら、ここで試合に出てボコボコにやられて負けたところで、もう怖いものはない。失うものはないだろう」

そういう突き抜けたような心理状態になれた。

5月30日、オーストリア・グラーツで行われたイングランド戦は、1 - 2で敗れたが、後半11分には、ランパードのPKを右手一本で止めた。ルーニーの巻かれたようなシュートにも反応してゴールから掻《か》き出すなど、自分なりに手応《てごた》えはつかんだ。

隠していた小指の骨折

今だから明かすが、ワールドカップのメンバー発表前には、手首と左手の小指を故障していた。そこの治療が思わしくなくて、ごまかしながら代表合宿にも参加していた。

3月の終わりに手首を痛めていた。ぶれ球に反応した時に僕が動いていた方向と逆にボールが来た。とっさにボールを止めたが、手首が変な方向に曲がってしまった。試合の前日練習でやってしまったので、まるでギプスのように手首をテーピングでグルグルに巻いて固定し、なんとか、次の日の試合に出た。

小指の脱臼《だっきゅう》は癖になっていた。脱臼した後に治療を施し、関節にはまっていると思い込んでプレーしていたが、2週間ぐらい脱臼したままで痛みもまったく取れなかった。やっと骨が入ったが、そこから完治するまでには2週間は必要だった。それが4月だ。合宿での練習メニューをできるだけ減らしてもらったが、痛さは取れずに試合だけに集中するのがやっとだった。指にまるで力が入らない。強いボールを左手で受けたら飛び上がるほどの激痛が走った。テーピングをキツく巻くと、今度は、血が止まってしまって痺《しび》れたような痛みに襲われた。

手首と指の脱臼の両方の故障で、練習もままならない。指は痛いし腫《は》れが取れない。心も体もグダグダに消耗していた。

きつかった。思いっきりボールを弾《はじ》きたくても弾けなかった時もある。でも、それを言葉に出すと言い訳になってしまう。自分に逃げ道を与えることになる。

それが代表のスイスのキャンプに合流する頃になると、手首の故障は回復してきた。小指の脱臼の方は、まだ少し痛みがあったが、それもキャンプ中盤では良くなっていき、ようやく気持ちよくプレーができるようになっていた。

怪我も痛みも消えて、やっと安定した精神状態で練習に取り組めるようになった。僕が試合に出る可能性は低かったが、ワールドカップ後の海外への移籍を決めていたから、このワールドカップの経験を、練習といえども一日も無駄にしたくなかった。その中で自分がやれることを、万全な状態でやろうという心構えができてきた。

手首と小指の故障については、ある段階から、スタッフにも内緒にしていた。トレーナーらのスタッフは、無理させないのが仕事だから、本当に、こそっと信頼の置ける人に伝えたくらいだった。故障を原因に大きなチャンスを失いたくもなかった。

岡田監督は新聞などに「川島の体が伸びている」とコメントされていたが、故障が癒え、確かに体は動いていた。とにかく必死だった。

開幕直前に襲ってきたプレッシャー

イングランド戦に続き、6月4日にスイス・シオンで行われたコートジボワール戦でもスターティングイレブンに選ばれた。

正直に回顧すれば、「もしかしたら、このままワールドカップにも出られるかもしれない」という欲が出てきていた。しかし、その時、僕はこう考えた。

「今まで出ていた楢さんに戻すことは簡単にできるはずだ。たとえ自分が失敗しても、チームとして元へ戻ることが簡単ならば、それを意識しすぎる必要もないだろう」

いずれにしろ僕には失うものはない。いい結果を出せばチャンスはワールドカップまでつながるのかもしれないが、逆に力が入りすぎないように、いつものように準備だけをしておけばいい。「ミスをしたらどうしよう」「いいところを見せよう」。そのどちらも必要はない。自然体で100％の努力さえすればいい。自分に守るべきものは何もないのだ。

イングランド、コートジボワールとの最後の親善試合を終えると、周囲が騒がしくなってきた。メディアの取材も加熱してきて、ワールドカップという一大イベントで試合に出ることの注目の大きさをヒシヒシと感じていた。プレッシャーである。あれだけ試合に出たかったはずだが、いざ試合に出られるようになると、今度はプレッシャーが襲ってきた。しかし、僕は大胆にも「それなら、それで思い切りプレッシャーを感じてみよう」と思った。日本中が応援してくれている。いや海外に在住している日本人の方々まで応援メールを送ってくれるのだ。世界中の日本人が熱視線をくれるのなら、自分だけじゃなく、その人たちの分まで頑張ろうと思った。期待を背負うのではなく、僕がピッチの上でその人たちの気持ちを代弁して表現できればいいと考えた。

岡田監督からは、コートジボワール戦が終わってから一度だけ、ホテルの部屋に呼ばれた。0 - 2で敗れたが、その2失点がいずれもフリーキックからの失点だった。1失点目は、ディディエ・ドログバのFKが、壁に当たった後のオウンゴール。ミスがなければ防ぐことのできたゴールだった。岡田監督の話は、フリーキックなどのセットプレーでどう守るかという確認だった。マークの付き方、そして、速いボールをディフェンスと僕の間に放り込まれた時への対応法。そういう話の中で、僕なりに意見も出した。

監督の部屋に呼ばれ、戦術的な話をするということは、もしかすれば僕が本番でも先発出場する可能性があるのかもしれないと思った。しかし、岡田監督からは、「南アフリカではお前でいく」とは、一言もなく、試合出場できるという確信は、まだ持てなかった。むしろ、「楢さんに戻すのは、いつでも簡単にできる」という危機感の方が強かった。

南アフリカのキャンプ地、ジョージに移動してからは、カメルーンとの開幕戦の直前にジンバブエとの練習試合が組まれることが決まり、「そこで自分がメンバーに入ることがあれば、そのままワールドカップも僕が出場することになるだろう」と推測していた。

しかし、浮ついた気持ちはなく、最後の最後まで開き直りのメンタルを保てていた。それもこれも、2009年のオーストラリア戦でのスタメン落ち事件以来、3か月も暗闇をさ迷った苦い過去が、僕をそういう精神状態にしてくれたのである。繰り返すが、苦境や逆境こそが、人間を逞しくしてくれるのだ。

2人の先輩ライバルの存在

ライバルがいなければ成長、進化はない

ライバルは、どこの社会にも存在すると思う。ライバルとは目標であり敬意を払うべき対象であり、モチベーションに火をつけてくれる敵であり、そして共に戦う、頼れる

同志でもある。超えるべきライバルがいなければ自分の成長、進化はない。僕にとっては、楢さん、能活さんが、そういう存在だった。

南アフリカの合宿地、ジョージに入り、最終調整として行ったジンバブエとの練習試合で、僕はレギュラー組でプレーした。つまり、カメルーンとのグループリーグの初戦で、僕の出場が、ほぼ確実となったということだ。楢さん、能活さんの二人は、スタメンからは外れる形となったのだが、本当に気持ちよく僕を南アフリカのピッチへと送り出してくれた。

二人がかけてくれた「お前ならできる。大丈夫だ」という言葉は心強かったし、僕を信頼してくれているという気持ちが伝わってきた。「二人の思いを背負ってピッチに立つ」という責任感よりも、メンバーを外れたことをおくびにも出さずに僕の背中を押してくれる、その姿に「なんて器の大きい人たちなのか」という感動が先に立った。

能活さんは、23人のメンバーにサプライズのような形で入った。岡田監督は、その日本代表メンバー決定の記者会見で、能活さんにチームをまとめるリーダーシップを求めているというような話をされていた。しかし能活さんは、合宿中から、レギュラーで出ることをあきらめている感じはまったくなかった。最後まで最善を尽くしていた。

楢さんも、前キャプテンの佑二さんと協力してチームをサポートしていた。その姿勢は僕が出場することになっても何ら変わることはなかった。僕は、これまで二人が、歩んできた時間や道程の険しさと深さ、その意義のようなものを感じ取った。きっと、ずっと苦しみながら戦ってこられたのだ。そういう時間がなければ、なかなかこういう行動はできない。だからこそ、これだけ長い期間、日本代表という最前線でゴールマウスを守ることができたのだろう。

２００６年のドイツワールドカップに選ばれていなかった選手は、そこで一体何が起きていたのかが気になっていた。あれだけタレントが揃っていたのになぜ勝てなかったのか。その実情が気になって当時のメンバーの人たちからヒアリングをしたりした。聞けば、食事の時もグループに分かれてしまうなど、チーム内に不協和音があったらしい。だから僕たちには同じ過ちは繰り返せないという意識が強かった。サブも含めた23人の結束力や団結力。そのまとまりが重要であることは、能活さんらベテランの人たちこそが強く思っていたことだと思う。

一体感や団結力を作りだすには、必ず自己犠牲の精神が必要になる。エゴイズムを抑え、たとえそれぞれの選手が感じているものがあっても、その思いをどこで、どこまで出すかの空気を読み、立場を踏まえる。そのフォア・ザ・チームの精神こそが、日本人だからこそ持てる美徳だと思った。ベルギーでプレーしてなおのこと感じるが、選手は、誇り高きエゴイズムの塊で、中には、サブメンバーからも外されれば試合を見に来ない選手さえいる。

しかし、南アフリカのワールドカップを戦った仲間たちは、ピッチにいる11人だけではなく、ベンチも含めて23人全員が、自己責任を持ち、自己犠牲の精神を惜しまなかった。

南アフリカワールドカップで感じた運命論

理由なき成功も理由なき失敗もない

成功体験というものは、視界を広げ、正の連鎖を生み出す。

これは、あらゆる社会で共通する。成功体験は大きな進歩を生む原動力となりうる。

南アフリカでのワールドカップの初戦となったカメルーン戦。前半39分に本田《ほんだ》（本田圭佑《けいすけ》＝ACミラン）が先制点を奪った。松井《まつい》君（松井大輔《だいすけ》＝ジュビロ磐田）のクロスをトラップして、すぐさま利き足の左を振り抜いた鮮やかなシュートだった。1‐0のまま後半に入った。時間の経過と共にチームには「1点を守れば勝てる」という気持ちが強くなっていた。

人間の集中力は90分間は続かない。90分間という時間の中で、集中力の波をマネジメントしておかねば、肝心の場面で反応できなくなる。

僕は「ピンチが来るなら最後だろう。残り15分だ」と、読んでゲームのマネジメントを始めた。残り15分で、しっかりと自分の仕事ができるように集中力を持っていくための心の準備である。残り5分を切って、僕の予想通り危ない場面が次々と訪れた。しかし、その時のために集中力は残してあった。ディフェンス陣は、最後の最後まで足を動かし、球際で体を張った。

　初戦の勝利が、どれだけ大きいものかを誰もがわかっていた。守備を意識し、球際で勝負し、カウンターでチャンスに集中すれば、結果が残せる。チーム全体が自信を深めた。勝利という共通体験は、もっと勝ちたい、もう少し上の世界が見えるんじゃないかという猛烈なモチベーションを生んだ。スイス合宿から、団結の萌芽《ほうが》を見せかけていたチームは、より強くまとまろうとしていた。勝利、すなわち、成功体験を手にすることで、こうも視界は広がるのだ。成功は誰にでも容易に訪れるものではないが、めったに味わうことのできない体験は、想像以上の効果をもたらす。正の連鎖である。

　2011年のドイツワールドカップで世界一となった、なでしこJAPANの戦いがまさにそうだったが、しばしば「大会を通じてチームが成長していく」という表現が使われる。この正の連鎖が、チームも個も成長させるのである。

　続くオランダ戦でのヴェズレイ・スナイデルのシュートは「完全に止めた！」と思ったが、パンチングに出た瞬間、逆方向にぶれて、ゴールを許した。自分では何が起きたかわからなかった（この際の技術的な自己分析は後述する）。

　だが、僕は、即座に自分に対して吠《ほ》えた。「1点におさえること。頭を切り替えなければダメだ。あとで振り返ることはできる、今は振り返っている場合じゃない」と。

ここで気持ちを崩してはダメだと思った。チームには、ディフェンスが我慢さえすればチャンスが必ず生まれるという雰囲気があった。

しかし、ワールドカップ初失点をしてしまったことで、チームに目に見えぬ焦りが出てきた。攻めなければと意識が変化してバランスが崩れてきたのが、全体像を把握できるGKの位置からは見ていてわかった。イブラヒム・アフェライには、二度も、1対1の場面を作られた。特に試合終了間際の2本目の1対1は、完全にシュートコースがあるような状況での対決だった。こうなれば体を投げ出すしかない。一か八か。ゼロか100か。当たればOKというプレーだ。

僕は、その賭《か》けに勝った。

フリーな状況でのシュート練習が代表では多かったので、1対1のシチュエーションのトレーニングは、十二分に積めていた。特に直前まではリザーブだったので、なおさら、1対1のような瞬間を大切にしなければならないと思い、練習でも、一つひとつのプレーにこだわって集中していた。そういう準備の蓄積が、この時のセービングにつながったのかもしれない。

まさかの時のための最善の準備。言葉にすれば簡単だが、これほど実行することが難しいことはない。地道で泥臭い日々をいかに充実させながら積み上げるかである。

スポーツの世界に運やツキはあると思う。でも、僕は何事も「自分には運があるんだ。ツキがあるんだ」という理由で片付けたくはない。なぜセービングができたのか。そこには、必ずちゃんとした理由がある。逆にミスをしたならば、なぜミスを犯したかの理由もある。

理由なき成功も理由なき失敗もない。不思議な勝ちも不思議な負けもないのである。

だから、その理由を分析した行動、すなわち努力を積み重ねることが次につながる。

それが、新たな「賭けに勝つ」というシーンを生み出していく。それが僕の運命論である。

結果、オランダには敗れたが、0-1のスコアに抑えこんだことでグループリーグ最後のデンマーク戦では、2点差以上をつけられて敗れない限り、日本が決勝トーナメント進出を果たせるという状況になった。ここでチーム全員が考えたことは一つだった。

守りに入ってはならない。

当然、「2点差以上の勝利」がグループリーグを勝ち抜ける条件となったデンマークは、徹底して攻めてくるだろう。そこで、僕らが守りに入ると相手の思うツボである。僕らは相手が出てきたところでボールを奪い、攻撃に転じるというイメージを共有していた。

岡田監督は、そういう守りに入る保守性を捨てさせるためか、アンカーに阿部《あべ》ちゃん（阿部勇樹《ゆうき》＝浦和レッズ）を置かずに、2ボランチシステムを取った。しかし、それは機能しなかった。危ないシュートを何本も打たれた。先に点を与えると苦しくなる。

すぐに、ヤットさん（遠藤保仁《やすひと》＝ガンバ大阪）が、ライン際で岡田監督と話をして、システムを元に戻しているが、ひたすら止めることだけに集中していた僕は、そのやりとりを見ていない。後になって知ったことだ。僕は、システムよりも、局面、局面で、体を張った自分たちの役割と仕事ができているかだけが心配だった。

デンマークを3‐1で破った僕たちは、2002年の日韓ワールドカップ以来のベスト16進出を果たした。2002年はホームアドバンテージのある中でのベスト16だったが、アウェーでは、まだ成し遂げられていなかったグループリーグ突破である。しかも大会前には、日本は3連敗するだろうという予想記事も珍しくなかった。それだけに、そういう評価を覆せた、小さいけれど日本のワールドカップの歴史に足跡を残したんだという喜びがあった。しかし、本当に歴史を塗り替えるのは、これから先にあるのだ。

もう一歩、さらにもう一歩、前へ進みたい。僕は、その夜、そう誓った。

第４章　海外で成功するためのマネジメント

川崎フロンターレと結んだ異例の半年契約

時には大胆な決断を選択する覚悟を持つ

そこに強い意志があるならば、逃げ場をなくし、後先も考えず、ただ前へ突き進むような決断の仕方もアリだと思う。マネジメントという領域においてはタブーかもしれないが、僕はワールドカッププイヤーの2010年に、そういう〝蛮勇〟とも取れる大胆な決断をした。そういう覚悟が必要な局面というのは人生において必ずある。

10代の頃に体験したイタリア・パルマでの1か月の留学以来、僕の心の中に海外への憧憬《しょうけい》が芽生え、それは、どんどん膨れ上がっていた。

「海外移籍」というチャンスを追っかけながらマネジメント会社ともミーティングを重ねていた。しかし、なかなか、そのタイミングをつかめなかった。僕は、ワールドカッププイヤーを前にして真剣に焦っていた。

「このタイミングで日本を出なかったら、たぶん、一生このまま出られないだろう」という不吉な予感のようなものがあったのだ。

キーパーは特殊なポジションである。これまで日本人のキーパーで海外に挑戦したのは、能活さんだけだ。その能活さんも、イングランドのポーツマスFCでは、正キーパーとなる機会を逃し、その後、デンマークのFCノアシェランに移籍したが、ここでもなかなか出場機会を得られず苦労された。ポジションが一つしかないというゴールキーパーゆえの難しさがそこにはあったと思う。

なおさら、焦燥感が募った。ふと振り返ってみれば、パルマ留学した18歳の頃に強い海外志向が生まれてから、7、8年ぐらい、「行きたい、行きたい」と言っているのに、何も前に進んでいない。もし、このままの状況が続き、年齢だけを重ねるとしたら、なおさらチャンスを失い後悔するだろう。そういう生き方はしたくない。

日本代表の経験の中で、海外の選手の凄《すさ》まじいシュートに身をさらした。

あのシュートを止めるには、レベルの高いシュートが飛び交う海外の環境でプレーしなければ無理だと思っていた。もし今後、日本代表としてチャンスをもらったとしても、「あんなシュートはJリーグで受けたことがありませんから」という言い訳だけはしたくなかった。

今、環境を変えなければ僕自身の進化もストップしてしまうだろう。

日本には、「キーパーの文化」がないと思っていた。果たして世界を知らない人たちの価値観や理論で、本当に世界で通用する次のキーパーが育つだろうか。誰かが最前線である欧州で、正キーパーとしてプレーをして、世界に通用するキーパースキルを体験してこなければ、いつまでたっても日本に「キーパー文化」というものは生まれないし、根付かない。かつてオシムさんが、「日本はフィールドプレイヤーは素晴らしいが、キーパーのレベルだけは低い」と発言していたが、いつまでも、そんな評価を受けているようでは悔しい。偉そうなことを言うようだが、日本の今後に重大な影響を与える「キーパー文化」を持ち帰るためにも、何が何でも海外移籍を実現させなければならないと考えていた。

それを実現させるには、思い切った決断と行動に出るしかなかった。その決断の一つが、フロンターレと結んだ異例とも言える半年契約。僕は、後戻りできないように退路を断った。

決められたレールに乗った人生は面白くない

2009年には、正式なオファーではなかったが、ある代理人から海外移籍の話が舞い込んだ。このタイミングを逃せば、もう海を越えるチャンスは来ないかもしれないと考え、僕は前向きに話に乗ったが、結局、その話は流れた。

2010年1月始めのマネジメント会社とのミーティングでは感情的にもなった。僕のマネジメント会社の社長のスタンスは、『移籍ができる』とは言えない」というものだった。

「僕らと一緒に移籍を頑張ろうと言うのなら最善を尽くす。しかし、『移籍できる』とは言えない。約束はできない。もし、他のエージェントと契約するのなら、それはそれで構わない。意見が合わずに別の人とビジネスする方が、お互いにとってベストならそれでいいんじゃないか」

それなら今までと何も変わらない。僕は、そのミーティングの席で、思わず「そんな話が聞きたいんじゃありません！」と声を荒らげていた。後々考えてみれば、常識的な返答をいただいていたわけだが、僕は感情的になった。それくらい追い詰められていたし覚悟もできていた。

そういう態度を取ったにもかかわらず、その後、海外移籍の交渉をコツコツと重ね、ベルギーへの移籍を実現してくれたのだから、いくら感謝しても足りない思いだ。

ちょうど、そのタイミングで川崎フロンターレとの契約更新のテーブルにつくことになった。地元であり最初のクラブである大宮や、挑戦をし続けた名古屋にも愛着はあるが、とりわけ最高の雰囲気でサッカーのできる川崎が大好きだった。チームに残って悲願の初タイトルに挑戦し続けることもチャレンジだった。代表で定位置をつかんでいないことを考えれば、川崎に残ることの意義もあった。ずいぶんと悩んだが、僕は「ワールドカップが終わったら外に出ます」と半年契約を主張して、受け入れてもらった。

2010年が、ワールドカップイヤーであることも区切りだった。その決断をした時点では、日本代表では、楢さんが正キーパーで僕は試合には出られない状況だった。2010年のワールドカップは当然、大事だったが、その先の2014年のブラジル大会を考えれば、海外移籍が実現するかしないかのほうが、それ以上に重要なことだった。

　このまま何も考えずにレールに乗っていれば、電車は真っすぐに進んでいくだろう。そんな人生は面白くない。しかし、半年契約をした時点でレールの先の終着駅は見えていなかった。いや、それどころかレールすらない方向に進み始めた。半年後に海外オファーがなければどうするか？　というリスクヘッジもしていない。一か八かの決断。マネジメント術としては、理にかなっていないかもしれないが、時には、そういう追い込み方も必要だと思った。

「なんとかなるんじゃないか」という根拠のない自信だけはあった。世界にクラブはいくらでもある。ヨーロッパの中だけでも数限りない。キーパーという特殊なポジションが、難しいということはわかっていたが、クラブ選択に条件をつけなければ、どこかに滑り込めるのではないか。まずは挑戦なのだ。最初の移籍は、ステップとすればいい。試合に出て実力を見せれば、次は好きなクラブを選べる環境になるはずだ。そのためには、ヨーロッパの中に入ることが先決である。楽観主義ではないが、僕は、そう考えていた。

　それでも、もし、ワールドカップでもリザーブのままに終わり、どれだけ条件を下げても、どこからもオファーがなければどうするか。僕は、最悪、「サッカー浪人」となることも想定しておかねばならないことをマネジメント会社から告げられた。

「それも含めてすべてを受け入れなければ海外へは行けないと思う」

僕は、そう答えた。

最悪の場合は、片っ端からヨーロッパでテストを受けに行こうと考えていたが、ここにも問題が浮上していた。ヨーロッパにテストを受けに行ったとしても、ビザの関係で最大で3か月しか滞在できないのだ。それも、総滞在日数として3か月間しか許されず、一度帰国して、蓄積した日数を清算するような裏技も使えない。

例えばトライアウトを受けに行き、そのクラブが「もう少し見たいから、もう1か月いて欲しい」と言われても「すみません。ビザの都合で、残り1週間しか滞在できません」ということだってありえる。そうなると、むやみにトライアウトも受けることができない。無駄に渡航もできないから自主トレも簡単にヨーロッパではできない。当然なのだが、最悪の状況になると、さらに環境は悪化することになる。

リールセからのオファー

待望のオファーが正式に舞い込んだのは、南アフリカのワールドカップ直前に行われたイングランド戦の直後だった。

それがベルギーのリールセSKからの話だった。イングランド戦での僕の動きを見てから最終決定したのかもしれなかった。1906年創設、ジュピラーリーグ優勝4回という伝統のあるクラブだが、しばらく2部に低迷した。数年前にオーナーが代わってチーム再建に本腰を入れ、2部から昇格したばかりのチームだと聞いた。

ワールドカップが終わるとオランダのVVVフェンロからも話が来た。正式なオファーではないが興味を持ってくれているという段階のクラブは他にもあった。慎重に時間をかけて移籍クラブを選択するという手段もあったのかもしれない。

だが、あくまでも最初は、ステップアップとしての海外移籍だと考えていたので「試合に出られる」ことが最大の条件だった。コミュニケーションの問題をクリアするため、チームの公用語が、「英語」であることも条件として加えていたが、リールセは、その条件を満たしていた。気持ちのタイミングとも合った。僕は契約することを決断した。

若い頃の海外修行は、その後の人生に大きな影響を与える
19歳で経験したイタリアの1か月短期留学でのカルチャーショック

クラーク博士の言葉ではないが、若い人に対して声を大にして言いたい。

「少年よ！　大志を抱き、海外を体験せよ！」

異文化との触れ合いは、その後の人生に大きな影響を与えることは間違いない。自信を持てないでいる人は、海外で経験を積むことで、違った意味での自信を得られるだろ

う。

この本を若い人や子供を持つ親御さんが読んでいるなら、できる限り若い頃に海外へ出ることをススメたい。できれば遊びではなく、目的を持った留学や短期修行が望ましいだろう。越境者となり、異国の価値観に触れあった時に何かが変わるのは間違いない。

イタリア・パルマへの1か月の短期留学という人生の岐路となる体験をしたのは、大宮の1年目、2001年の8月である。当時、監督だった三浦さんの知人のイタリア人が、大宮に練習を見に来ていて、「イタリアに日本の選手を連れて行って、今後どう成長するのかを見たい」という話が持ち上がったという。当初、イタリアに連れていきたい最優先の候補選手は僕ではなかったらしいが、その選手はレギュラーでチームを離れることができず、第2候補で試合に出ていなかった僕に白羽の矢が立った。三浦監督に呼ばれて「ちょっとイタリアへ行ってこい」というような軽い感じで打診された。僕は『ちょっとイタリアへ行ってこい』って急に言われても……」と、いきなりの申し出に戸惑った。確か「親にも相談したいので一日だけ考えさせてください」と返答した。

ポジションに関係なく、日本人の有望な若手選手を連れて行きたかったようだ。そこが、たまたま当時、中田《なかた》英寿《ひでとし》さんも所属していたセリエAのパルマで、イタリア代表GKであるジャン・ルイジ・ブッフォンを育てたことで有名なGKコーチのエルメス・フルゴーニさんがいるクラブだった。その後、僕は毎年のようにフルゴーニさんを訪ね、時には自宅に寝泊まりして指導を受けることになるのだから、運命的な出逢《であ》いである。

フルゴーニさんの教えは、今まで日本で学んできた「キーパーとは何か」というベースの部分からしてまるっきり違うセンセーショナルなものだった。日本でのキーパーの役割は、言うなれば野球のキャッチャーのような感覚が強いと思う。シュートを止めるというだけでなく、ディフェンスを動かすコーチングであったり、正確なフィードで攻撃の起点にもなる。チームを最後尾からまとめる司令官のようなイメージである。

しかし、イタリアでのキーパーの役割は、「キーパーはシュートを止めるために存在する」というもの。極端に言えば、コーチングもフィードもできなくても、シュートさえ止めれば合格点を与えられる。コーチングなどで優れたリーダーシップを発揮しても、止める技術が低ければ、まったく評価されない。キーパーを見定める基準が、いたってシンプルなのだ。キーパーは、そこにだけ集中すればいい。

練習メニューも、止めるために何をするかという部分に集約されていた。今まで常識だと思っていたキーパー論を根本からひっくり返され、まるで文明開化後のサムライのような気分だった。基本的なメニューだけではなく、どうやって対応するのかという応用編のメニューにも「止めること」がしっかりと組み込まれていた。

最初は、練習の狙いや意味の分からないメニューもあって戸惑った。

フルゴーニさんが、芝生に両膝《ひざ》を立てた状態で寝っころがって、いきなり「来い！」と言われる。一瞬、「え？　どこへ？」と首をひねった。「自分のところまで走ってきて膝に両手をついて前転しろ！」と言うのだ。コーチの膝を支点にクルッと、自分の手の力だけを使って、コーチを背中で潰《つぶ》すことなく越えるわけだ。アクロバットのような前転である。

日本では体験したことのない練習だった。ボールへの反応は、脳を経由する動きである。その対応スピードと能力を高めるためのトレーニングだった。

側転した後に、ボールキャッチという練習もあった。ジャンプをしながらフィギュアスケートの選手のように回転して、同じ場所に同じ向きで着地するというものもあった。これが簡単そうで意外にできない。成功させるためにはバランスが重要で、ジャンプが低いと比較的成功するのだが、「もっと高くジャンプしなさい」と注意される。

同じ動きのパターンの練習を繰り返しても、肉体の対応力や反射神経は鍛えられない。予期せぬことが起きた時にも体が反応できるようにするための準備的な要素が、フルゴーニさんの練習の中には凝縮されていた。だから練習メニューが毎日違う。飽きるということがない。とても貴重で面白い体験だった。

ボールにアタックしろ

今、自分が常識だと思っているものは、決してオールマイティな常識ではないということを知っておいたほうがいい。価値観や、常識、セオリーというものは、環境が変われば変わる。

フルゴーニさんの教えの中で、とりわけ衝撃的だったのが「ボールにアタックしろ!」という教えだった。イタリア語では「Attacca la palla!」と表現する。相手にコントロールされたボールを取りにいくのではなく、自分からボールをコントロールしろと言う。キーパーは、常に受け身の立場だと思い込んでいたから、まったくの逆転の発想である。

練習では、こんなことがあった。

フルゴーニさんが「行くぞ!」とバウンドさせたボールを出す。僕が、ボールがバウンドしてから落下する地点でキャッチしたら「違う!」と言う。「バウンドした瞬間に取れ!」と言うのだ。ロングバウンドでなく、ショートバウンドで処理しろと言うのである。

「これまでのようにボールがバウンドするのを待っていたら、結局、ボールは好きな方向に動いてしまう。しかし、前に出てバウンドした瞬間を取れば、ボールは自分の手元にしか落ちない。するとボールのその後もコントロールできるだろう」

つまり「受け身になるな」と言うのである。アタッキングスタイルである。

頭では理解はできたが、最初は、そのタイミングでセービングすることがまったくできなかった。帰国してからも、コーチにお願いして、アタックをイメージしたセービングを執拗《しつよう》に反復した。

今まで日本で正解だと教えられてきたキーパーのセオリーが、環境が変われば、正解ではなかったりするのだ。また違うセオリーが、存在していたりする。そうすると、自分がずっと同じ場所にいて、それを正解だと思っているということ自体が不正解なのだということがわかる。

イタリアのユース世代の公式トーナメントでベストGKに選ばれる

イタリア留学中には、公式トーナメントに正ゴールキーパーとして出場した。

笑い話のようだが、僕はイタリアに着くまで、いや、着いた後も、しばらく大会に出場することを知らなかった。いきなり「月曜日に試合だぞ」と通告されたのだが、イタリアでは、日曜日は練習が休みだった。「月曜日に試合があるのに前日の日曜日に練習しないの？」と面食らった。前日に練習もせずに行われる試合は、「どうせ練習試合だろう」と気楽に構えていたら、それはセリエAの各チームが持っているユースチームによるヴィニョーラトーナメントという北イタリアの堂々たる公式大会だった。

僕は、全試合でゴールマウスを守らせてもらった。

パルマのユースチームの正ゴールキーパーは、アルフォンソ・デ・ルチーアだったが、その時、彼は、たまたま怪我をしていてポジションが空いていたのだ。デ・ルチーアは、その後、パルマのトップチームに上がり、現在は、セリエBのリヴォルノで正GKとしてプレーしている。ユースチームにいたもう一人のキーパーも、現在はスイスのクラブでプレーしているようだ。

僕らのチームは、3、4回勝ち進んで決勝に進出した。

最初の3週間は、練習メニューも一切わからなかったから通訳の人がついてくれた。最低限のコーチングに必要なサインだけを覚えた。「行け、行け」「気をつけろ」「右」「左」ぐらいしか言えなかったが、イタリアでのコーチングの基本は「シュートを止めろ」だから、その時は、それだけ喋れれば十分だった。コーチングの基本はよりシンプルに、である。言える言葉だけをひたすらチームメイトに叫んでいた。決勝の相手はミラン。僕らは名門チームを倒して見事に優勝を果たした。そして、僕が、大会のベストキーパーに選ばれた。日本から1か月だけお邪魔した居候のような僕が賞をかっさらって申し訳ない気持ちになったことを覚えている。

確固たる自分をみつけ、ポジティブに発想を転換する

自信を持つと周囲の評価は気にならなくなる

周囲の評価ばかりを気にしてしまう人は少なくないだろう。僕にも痛いほどわかる。しかし、確固たる自分を持てれば周囲の評価など気にならなくなる。誰にだって長所は

ある。どこかで認めてくれている人はいるはずだ。その評価を自信に、ポジティブな発想に転換してみるのだ。

パルマへの短期留学から帰国後も大宮ではメンバーにも入れなかった。イタリアの生活に比べると、大宮の練習には満足できない。試合に出られるわけでもなく、状況は何一つ変わらなかった。しかし、僕の中では「やれる」という確信が育っていた。

僕がパルマを訪れた2001年は、まだ、日韓ワールドカップが開催される前年で、日本のサッカーに対する評価は、海外では無に等しい時代だった。しかし海外では、サッカー途上国から来た選手に対する先入観はなく、実力で評価してもらえる。そういう新しい価値観を得たのは大きかった。大会で他のチームのキーパーを見ても確かに能力が高かったが、「僕にもやれないことはない」という手応《てごた》えのようなものも感じとっていた。本当に充実した1か月だった。練習メニューも多彩で自分がうまくなっているという実感を日々得ることができた。その確信が明らかだったから、不思議と周囲の評価や僕を見る目というものが眼中に入らなくなった。おそらく周囲から見ても、僕の変化は顕著だったと思う。自分の存在理由を見つけたのである。

イタリアで確固たる自分を見つけたことが大きな自信を作った。

海外で評価してもらえるのならば、日本で試合に出られない状況が続いても「自信を失わなくてもいい」と、気の持ち方をポジティブに変えることができた。後になって、パルマから僕を獲得したいという正式なオファーがクラブに届いていたと聞かされ、なおさら自信は深まった。しかし、僕に知らされた時点で、すでにオファーは断られていた。僕に知らされないまま勝手に断られていた事実があまりにショックで、全身にジンマシンがでたほどだった。自信はつかんだが、心のどこかで試合に出られない状況に対する言い知れぬストレスがあり、それが肉体に現れたのだろう。それでも、まだすりガラス越しの風景のようにぼんやりとしたものだったが、「いつか海外のクラブでプレーしたい」というビジョンが心に宿った。ここが海外でプレーするための逆算のマネジメントの出発地点である。

ウディネーゼの短期留学で気が付いたこと

自分のできないことにコンプレックスを持たない

自分が抱えている問題点が何かを探る時に、僕は、度々、ビジネス用語で言う「ロジックツリー」を使った。これは思考ツールの一つで、枝分かれする木のように問題がどこにあるかを、どんどん遡《さかのぼ》りながら徹底的に洗い直す手法だ。僕は、まず、これまで付けていたノートを見直した。今まで自分がやっていた練習を見直して、何をやっていなかったかを点検した。プロのレベルだから、高校の時のように5本していたダッシュを

6本に増やすというレベルの努力ではない。

名古屋での1年目の僕は、驚異の安定性と正確さを持つ楢さんのスタイルを追っていた。それは自分にない部分であったし、日本のトッププレイヤーである楢さんのスタイルにチャレンジすれば、僕もそうなれると信じていた。

楢さんとは、名古屋に入団するまで一切、接点がなかったが、代表キーパーから自分に足りないものを学びたいという気持ちがあった。人間的にリスペクトのできる素晴らしい人。七つ年上だったが、食事に連れていってもらったり、いい人間関係を保てた。キーパー論を交わすことはほとんどなかったが、一緒にいる時間は心地よく好きだった。

初めて間近で見ることになる日本のトップGKのプレーには戦慄《せんりつ》を覚えた。こんなにも全部のプレーを正確にできる人がいるのかと驚いた。自分と比べてみれば、その力の差は一目瞭然《りょうぜん》だった。僕は、理想とする動きができる時もあれば、できない時もある。「できた」という感触があっても状況や場面、相手が変わればたちまちできなくなる。それは本当の力ではなかったのである。しかし楢さんは、キャッチ、セービング、ハイボール、キックと、キーパーに求められる技術において、毎回、毎回、同じことができる。こう来るならば、絶対に止めるというパターンが崩れない。その安定感は衝撃的なもので、イメージとしては、さながら精密機械のようだった。

名古屋入団1年目の僕は、そのライバルの背中を追っかけていた。正確さと安定感は自分にはない部分だった。「この人が日本で一番なんだ」という印象が強く焼き付いていて、楢さんの正確さを少しでも身につけたい、盗みたいという気持ちが強かった。「ライバルから学ぶ」とは、そういうことだと考えていたのだ。しかし、それでは、ライバルから学ぶことはできても、いつまでたっても越えることはできない。ずっと楢さんの影をトボトボと踏んで歩くだけである。

僕は、その考えが間違いであることに気付いた。

それに気付かせてくれたのは、イタリアだった。マネジメント会社社長から投げかけられた「永嗣が思っている100％は果たして本当に100％なのか？」という言葉を受け止めた僕は、名古屋移籍2年目を迎える2005年1月に、イタリアのウディネーゼに個人的な意志で短期留学したのである。

自分の光っている部分を再評価してみる

知人を頼りイタリアに渡ることになったが、最初は、どこのチームの練習に参加できるかもわからなかった。とりあえず二日間の練習に参加できる荷物だけをまとめて飛行機に乗った。イタリアに着いてみると、まだどこに参加できるかも決まっておらず、結局、ウディネーゼに練習参加できることが決まるまで二日間を要した。

僕が2005年に訪れた当時のウディネーゼは、名将、ルチアーノ・スパレッティ監督の下、チャンピオンズリーグ出場を果たした全盛期だ。マレク・ヤンクロフスキー、アントニオ・ディ・ナターレ、サリー・ムンタリ、ヴィンツェンツォ・イアクインタらそうそうたるメンバーが揃っていて、かなりレベルは高かった。

僕は、そのシーズン真っただ中に二日だけの練習参加を許された。実際にプレーを見て良ければ、もう少し練習参加期間を延長するという話だったが、ちょうど1月のオフの期間で僕は、まともに練習をしていなかった。

すぐにユース組とサブチームとの練習試合が組まれ、僕はユース組のキーパーとして出場することになった。思うように体は動かない。その練習試合後には、トップの選手のシュート練習にもつきあわされたが、納得のいくプレーはまったくできなかった。

「これでは二日で終わりだ」と、真剣に帰りの荷物をまとめていた。

すると、意外にも「残っていいぞ」と言われ、翌日からはシーズン中なのに、まるでチームの一員のように練習に参加した。トップチームの紅白ゲームなどにも参加させてもらったのだ。

チームには、イタリア代表キャップも持っていて後にナポリの正キーパーとなる、モルガン・デ・サンクティスがいた。彼のプレーは半端ではなかった。そして練習でも、彼はひたすらパワー系のトレーニングをやっていた。自分の長所、すなわちセールスポイントのパワーを徹底的に磨いていた。その姿を見た時に、ふと自分に置き換えてみた。

「僕の長所がパワーなら、僕もパワーで勝負してもいいんじゃないか。楢さんの正確で安定性のあるプレーを追っていても、いつまでたっても、それは楢さんの長所で、僕の武器にはならない」
自分の光っている部分を伸ばしつつ足りない部分は補っていけばいい。僕は追い求めるスタイルを変えることを決意した。自分の長所を再評価して練習のテーマをガラッと変えたのである。僕は、このウディネーゼでの体験をきっかけにして、楢さんに比べ「自分ができないこと」に対してコンプレックスを持たなくなった。逆に自分の強いところで勝負しようと思えるようになった。試合出場できないジレンマは常につきまとったが、この1年は長所を徹底的に鍛えようという意識を持っていた。ウイークポイントをうまく補いつつ、一日、一日、しっかりとパワー強化のメニューを組んで消化していった。

ウディネーゼでの練習参加は、当初は二日だけの約束だったが、「このまま残っていいぞ」と言われて十日間が過ぎた。そして、さらにクラブ側は「まだ居ていいぞ」と言ってくれたのである。だが、名古屋の練習が再開するため、僕は帰国しなければならなくなった。後ろ髪を引かれる思いで帰国した。確か、その日は東京が大雪で成田空港に降りることができず、飛行機が急遽《きゅうきょ》、関西空港に着陸場所を変えたことを記憶している。それはまるで何かを暗示するかのようなアクシデントだった。

2010年に「何が何でも絶対に海外でプレーする」という決意を固めたが、この覚悟が、この時にあれば、きっとそのままイタリアに残っていただろう。名古屋との契約は2年だったので、トラブルに発展したかもしれないが、それくらい強引な行動をしていれば、もっと早くに何かが変わっていたのかもしれない。

後悔はあるが、あの時は、まだ海外移籍のタイミングではなかったのかもしれない。すべてを投げ出してまで行ってやろうという勇気や覚悟がなかったのだ。「行きたい」と口には出していたが、結局は、その程度の意志だったのである。流れに逆らってまで違う道へ進むには、それ相応の覚悟がいる。覚悟がなければ、早まったということにもなりかねない。しかし、いずれ様々な試練や経験を経て、その覚悟を持つことができるならば、チャンスを逃す手はない。運命は人に決めてもらうものではなく自らの覚悟で切り拓《ひら》くものなのだ。

目標や手段が定まらず迷ったら、まず行動を起こす

とりあえずやってみようの行動哲学

僕には、とりあえずやってみようという行動の哲学がある。まず目標を立てて、そこに向かう手段を考えて、真剣に取り組むことが前提だが、時折、そのビジョンを明確に描けなかったり、たとえ描けたとしてもが、それを実現するために何をすればいいのかという手段や手法がわからない時がある。

受験生が東大合格を目指すと目標を掲げたはいいが、では、どの科目から勉強をスタートすればいいのか、どんな勉強の仕方をすればいいのかが、わからないということがあるだろう。そんな時は、とりあえず何でもいいからやってみるのだ。

例えば僕が、大宮時代にパルマに留学して語学の必要性を体感し、語学の勉強を始めた時もそうだった。イタリア語を喋るようになりたいが、どうすればいいかがわからない。僕は、本を買おう、家庭教師をつけよう、とまずは行動を起こした。幸いなことに僕には、そういう実行力が備わっていた。

やってみると、それが経験になる。すると視野が広がる。その時に改めてわかることがある。それもこれも行動を起こさなければわからないことだ。何事もとりあえずやってみるのである。

語学の勉強を始めても、なかなか理解ができず身につかなかった時期もあったが、とりあえず続けてみようと思った。なんとなく続けていたら、いつのまにか7年や8年の歳月が経過していた。そしてそれなりに、語学が使えるようになっていた。そういう成功体験が、「まずは行動を起こし、それを続ける」という哲学をさらに論理的に支えた。

やり続けることで、自分が気付かないうちに、形になっていることはある。だから、僕は語学を習得するコツを人に聞かれると、「継続すること」を挙げている。

継続することで生まれる成長は、いつも自分の目に見えるものとは限らない。自分が成長しているか、していないかに何の手応えがなかったとしても、それを継続すれば、いつか「自分は進歩している」と感じられる日が来るのではないか。目標だけを定めても、それを眺めるだけで何もやらなければ前には進まない。まずは行動を起こす。もし、その方向が間違っていたとしても、道筋は後で修正できる。目の前が真っ暗闇で、何をしていいかわからない時は、とりあえず何かをやってみるのだ。

時に、若さや未熟さ、無知さから方法論を見つけられないことはある。でも、わからなくてもいいではないか。その模索する行為こそが大切なのだ。

語学は海外で成功するための重要なツール

自分にあった勉強法を見つければ語学力がアップする

僕が住んでいるベルギーの人々は、3か国語を喋れて当たり前だ。主に使われるのは、フラメッシュ（フラマン語：Flemish）と呼ばれるベルギー訛《なま》りのオランダ語に、フランス語圏の国から来た人が話すフランス語、そして英語。四つ目の言葉としてドイツ語が少しという感じだ。リールセは、多国籍のチームで10か国以上の選手が集まっている。前述の四つの言葉以外にもエジプト人同士はアラビア語。ガーナ人同士はガーナの言葉。イタリア語を喋ることのできる選手もいて、チームのマネジャーがイタリア語ＯＫ。ロッカールームでは、いろんな言葉が飛び交う。ミーティングについては基本的に英語が使われる。それがチームの「公用語」である。しかし、チーム内の込み入った話をする時などは、まずは、フラメッシュで語り、後で英語で補足するという感じで使い分けされている。

海外移籍において、特にゴールキーパーというポジションで成功するためには、語学力は大切なツールである。リールセのチーム内の公用語が、僕の得意な英語であったことも移籍を決定した理由の一つだった。

現在、僕は、英語とイタリア語であれば、日常生活やチームのミーティング、ピッチレベルの会話で困らないほど使える。オランダ語とフラメッシュが簡単な日常会話程度、そして、スペイン語、ポルトガル語を少しだけ話すことができる。

キーパーにはコーチングという仕事がある。ディフェンスに大声で指示を与えながら、ポジションを修正していくのである。試合中にはシンプルな指示しかださなくても、練習となれば、味方が何を考えているのか、自分がどうしてほしいかを伝えなければいけない。

日本ならば「どこの誰につくか」は常識だが、そういう細部までの意識がベルギーでは頭にないので、必然的に指示は細かく丁寧に行わねばならない。それもすべて英語。キーパーというポジションは、言葉が喋れないと、何も改善させることができないのだが、言葉の問題で困惑することはなく、しっかりと通用している。

語学を始めようと思ったきっかけは、2001年のパルマ留学の時に遡る。もちろんイタリア語どころか、何の語学も勉強していない時代である。出発の1か月くらい前に打診された急な話だったが、僕は何回かイタリア語の家庭教師をつけるなどして、あわてて勉強した。しかし、所詮《しょせん》は付け焼き刃である。

空港に出迎えにきてくれた当地のイタリア人との最初の会話で、もうパニックだった。「元気？」というような軽い挨拶《あいさつ》を「Come stai?」とか、「Allora」とか言うのだが、「Allora」には、「じゃあ、それでは」という意味も別にあって、相手は「元気かい？どうだ？」という感じで挨拶してくれているのだが、「え？　いきなり、じゃあ、それではって何なの？」と、僕はパニックに陥った。机上で勉強したことが、現場の会話では役に立たなかった。

最初の3週間は通訳がついたが、通訳を挟むと、どうしてもコミュニケーションに違和感を覚えた。最後の1週間は通訳がいなかったので、仕方なく、旅用のミニ辞典を片手に覚えたての単語と身振り手振りを交えながら、一人でコミュニケーションをとったが、それで一気にチームメイトとの距離感が縮まった。

語学が使えれば、なんて世界が広がるんだと実感したのだ。とにかく喋れるようになりたかった。帰国後、さっそく教材を買ってイタリア語に本格的に取り組むが、なかなか上達しない。たくさんのボキャブラリーを暗記しても、言葉として瞬時に出てこないと話せないのだ。口に出して喋ることが非常に重要だ。僕は、運転中の車内を、語学教室にする手段を考えた。一人で、ぶつぶつと、前日に日本語で聞かれたインタビューへの答えをイタリア語で答えたりしてみたのだ。この「車中一人つぶやき方式」を始めると、頭で考えたイタリア語が、自然と、口に出るようになってきた。

僕は、性格的には飽き性である。読書にしても10分読むと飽きて、すぐに他の本に手が行ったりする。その性格が幸いしたのか、イタリア語の勉強に飽きた僕は、英語の勉強を同時進行で始めた。気分転換のつもりで、イタリア語に飽きると、英語、英語に飽きるとイタリア語といった調子で勉強していたのだが、この勉強法には効能があった。同時に2か国語を学ぶと、文法や単語にも共通点が見えてきて上達が早まったのである。英語ができれば、共通点がある他の外国語も覚えやすくなる。英語の「be going to＋動詞」の表現に似た使い方がオランダ語にもあるのだ。いきなり数か国語を勉強するのは難しいと思うが、本で文法を勉強してみたり、単語をひたすら書いて覚えたり、好きな洋楽の歌詞を自分で訳してみたり、いろんな勉強の仕方を試してみると、その時間は無駄にならないし、そのうち自分に合った勉強法が見つかっていくものである。

間違いを怖がらずどんどん喋ることが上達の秘訣

ＮＨＫ教育テレビのイタリア語の番組に出演したことがある。事前に打ち合わせもなく、いきなり番組がスタートして、ＭＣのイタリア人がイタリア語で話しかけてきた。

あらかじめ質問内容などがわかっていたら返答も整理できるのだが、まさかの〝ぶっつけ本番〟だったのでとても緊張した。後で聞くと、ちょっと雑談をしたら会話が成立していたので「ここまでのレベルなら打ち合わせがなくとも行けちゃうんじゃないか」と思われたらしい。

もう汗がダラダラ。幸い相手の話しているイタリア語は、すべて理解できていたが、自分が何を喋っているのかがわからなかった。「このイタリア語は正確なんだろうか？」と不安な状態のまま収録が終了したが、NHKの人も、イタリア人のMC二人も「まったく問題がなかった」と感想を伝えてくれて安心した。

語学に関しては、リスニングはOKだが、喋ることが苦手という日本人が結構多い。怖がらず積極的に話かけることが上達の秘訣《ひけつ》である。

みんながみんな正しいイタリア語や英語を話しているわけではない。文法や発音の間違いなど恐れず喋ることが大事なのだ。たいていの場合、相手は「下手なイタリア語だな、下手な英語だな。そんな言語能力レベルの人と話すのは嫌だな」とは思わない。下手なりに理解しよう、コミュニケーションを深めようとしているのだなと、好意的に接してくれる。だから何も怖がらず恥ずかしがらずに喋ることだ。

ワールドカップ前には、週に2回、インターネットの講座で英会話を学んだ。海外移籍を念頭に置いての準備である。どれが良さそうかと色々とサイトを検索して見つけた。英会話の勉強のサイトは多種多様で、値段にも高いものと激安のものがあるのだが、僕はできる限りネイティブな英語に近いものを学べる講座を探した。教材のソフトがあって、それをダウンロードすると、様々な先生と会話ができるようになっている。教えてくれる先生も、イギリスやアメリカなどではなく、南アフリカや時には東南アジアに移住している人が多く、その国の事情や趣味が似ていると会話が盛り上がる。

スカイプなどを使って南アフリカにいるイギリス人と会話したこともある。相手は当然、僕がプロのサッカー選手だとは知らずに会話している。だが一度、南アフリカの人とサッカー話に発展して、プロサッカー選手であることがバレてしまったこともあった。

ネット講座のいいところは、時間を自由に選べるという点だろう。練習が午後からなら朝につなぐこともあったし、夕食を食べ終わった後に夜の9時ぐらいから1時間ほど学ぶこともある。遠征先でも、試合の前日などにホテルの部屋からネットをつないで勉強した。

今でも英語の勉強は続けている。「ROME」や「ゴシップガール」などの海外ドラマを英語字幕で見る方法もおススメだ。そこでナチュラルな日常の表現の仕方を拾えるのだ。

川島流の時差ボケ解消法

機内で日本時間の生活サイクルに合わせる

ビジネスマンの方々は海外出張も多いと思う。僕も日本代表の試合の度に日本とベルギーを往復するし、海外遠征では、時差のある飛行機の長旅を繰り返す。その中で、僕なりの時差ボケ解消法を実行していて、それなりの効果があるので紹介しておきたい。フライト時間に左右されるが、簡単に言えば、飛行機に乗った時点で日本時間の生活サイクルに合わせてしまうのだ。

つまり睡眠時間と食事時間を日本時計に合わせるのである。例えば、日本の朝とか昼の時間にはご飯を食べるようにして、寝る時間帯は、できるだけ日本の夜中に合わせる。フライト時間によるが、だいたい僕は6時間は睡眠をとるようにしている。飛行機の中で眠りやすくするために搭乗の前の日は、あえて夜更かしや逆に早起きをして、そこから時差調整をスタートさせておく。体の中から整えていくわけである。

時折、隣に座った人のヘッドフォンから漏れる音がうるさくて眠れなかったり、時差調整がうまくいかない時もある。だが、ちゃんと日本の夜中の時間に合わせて睡眠さえ取れれば、この時差ボケ解消法の効果は抜群で、日本に着いてから中途半端な時間に眠くなったりはしない。到着したその日からアクティブに行動することができる。特に僕たちは、すぐに代表の試合に入ったりしなければならないから、グラウンドであくびをしているようではどうしようもないのだ。人それぞれ適性はあるだろうが、読者の皆さんも機会があれば、一度、騙《だま》されたと思って試してみてはどうだろうか。

心身がズタズタになったベルギーでの1年

郷に入っては郷に従えの精神。厳しい環境下でも生きる処世術

異国で、生活や仕事を始めるとなると、あらゆる障害が待ち受けている。これは海外生活に限った話ではないだろう。会社や学校などの環境が変わって、その社風や校風に馴染《なじ》めず、なかなか以前の職場や学校のように自分の力を発揮できない人もいるだろう。

僕は、ベルギーで生活する1年目に、そこで生き抜くためのマネジメントを試みた。厳しい環境下でストレスを溜《た》めずに生きる処世術である。

新しい環境に馴染めなくても、無理に自分のペースに周囲を巻き込もうとせずに、その環境にいかに順応し、自分の持ち得る力を100%出せるのかを考えるのも、一つの解決法である。ぶれない軸を自分の中で温めつつ、発想を少し転換してみるのだ。

僕にとって海外移籍は恋い焦がれ待ち望んできた舞台だった。失望することは簡単で

ある。しかし、自分で納得して決めた決断だったからこそ、そこで発想を転換してみた。

僕は、ベルギーへの移籍1年目に異文化の洗礼を受けた。メンタル面もズタズタになった。チームも負け続けて、当然、点も取られる。開幕から1か月間も勝ち星がない。2010年8月29日のゲンク戦に1‐4で負けて、ついに開幕5連敗目を喫すると、涙があふれて止まらなかった。情けない。そんな思いと悔しさが重なった涙だ。

「なんでおまえが泣いてんだ」

ロッカールームに戻るとチームメイトには、そう言われた。

「バカヤロウ！」

敗者になることをなんとも思わない彼らに腹が立った。

チームには怪我人も多く、ディフェンスが足りなくなり、ミッドフィルダーが代役に回されているような状況だった。チームメイトからすればそんな状況では連敗もしょうがないと思ったのかもしれないが、絶対に敗者になることは拒否したかった。移籍して結果が出せないことにフラストレーションが溜まった。「しょうがない」と敗戦を受け入れられる試合もある。しかし、納得のいく敗戦はひとつもなかった。負けを受け入れることは、とても難しかった。

「なぜ、ここに来てしまったのか」とも考えた。

後悔がなかったかと言えば嘘になる。しかし、自分が決めた選択である。

「ここに来てよかったなと終わった時に思いたい」という意志の方が強かった。

辛抱を続けた。自分がベルギーで生きた証《あかし》を残すには、一試合、一試合、100％、120％でプレーするしかないのだ。だが、その気持ちをシーズンを通して維持することは並たいていのことではなかった。

初勝利をつかんだのは、開幕から3か月を過ぎようとしていた10月27日である。監督は責任をとって次々と交替した。新聞などの地元メディアは「なぜ川島を獲得したのか」「まだ川島を使うのか」と、低迷の戦犯の一人として僕をターゲットにした。助っ人外国人として移籍してきたわけだから、僕に集中砲火を浴びせられるのもわからないわけでもない。それでも、そういう批判にさらされるのは辛《つら》かった。終わってみれば、チーム成績は30試合で58失点。今季のベルギーリーグのワーストである。

ベルギーは小さな国だ。端から端まで行っても車で2時間程度。アウェーの試合でも、ほとんど前泊することなく日帰りのタイムテーブルである。遠征、遠征に追われることのない、その部分だけは助かったが、小さいスタジアムにはボールボーイもいない。シュートを打たれると看板の裏までキーパーがボールを取りにいかねばならない。しかも、負けていると、ボールを急いで走って取りに行かないとブーイングが起きる。猛ダッシュでボールを拾い、そこから戻って蹴《け》らなければならないので、息も上がってしまう。

事前のスカウティングDVDも見ないチーム

リールセでは、事前に対戦相手のDVDなどのデータは用意されていなかった。細やかなスカウティングをする日本のサッカーとは大きく違う点だ。彼らは、ほとんどと言っていいほど、敵チームの映像やデータは見ないのである。試合前には、対戦相手のDVDを必ず見て、その傾向をチェックし、対策を練って、フィードバック情報を持つことが当たり前の環境でサッカーをしてきた僕は、戸惑い困り果てた。Jリーグならば、ある程度、相手チームがどういうことをやってくるかという想像はできた。しかし、初めての海外である。ベルギーの対戦相手が、何をやってくるかがまったくわからない。対策の立てようがないのだ。自分たちのチームも、分析や反省という習慣は皆無に近かった。

キーパーとしては、相手の戦術や、個々のキックの特徴などを知っておきたかったが、データがないので、もう選手をつかまえてヒアリングしていくしかなかった。

「キッカーは右利きか左利きか」などの基本データを拾い上げていくのだが、そのうち経験のある選手の方から「何番がフリーキックがうまい」「何番は、ロングシュートを使ってくるぞ」というような情報を与えてくれるようになった。それでも、ほとんどがぶっつけ本番でフィードバック情報がなかったので、他チームに所属しているベルギーの選手の顔と名前をなかなか覚えることができなかった。

２０１１年シーズンの新監督、クリス・ヤンセンスさんが、ＤＶＤを使った対戦相手の研究、自己分析などを取り入れ、戦略のチームマネジメントを大きく改善するまでは、準備しないことがベルギーサッカーの風土のようなものかと思い込むほどだった。

しかし、試合は待ってくれない。どんな状況でも対応しなければならない。シュートはどんどん飛んでくるし、ディフェンスはミスを起こしてパニックになってしまう。リールセは2部から1部に上がってきたばかりで、スピード差にも慣れていない。

日本人が相手ならば、こう来るから、こう対処しようと、だいたい頭で予測して、準備、対応はできる。だが、そういう情報が皆無の上に、味方の選手に守る意識が希薄だったりするから、その感覚の違いを受け入れることに時間がかかった。彼らはキーパーは「止めるのが仕事」とだけ考えているから、キーパーと連携して組織的に守るというような意識は、持ち合わせていないのだ。

ゲーム中に、僕がコーチングで何かを変えるというレベルでもなかった。どっちを切るとか、コースを切るとかいう話もできない。中盤でも簡単にミスをして、そこでボールを奪われると、もうキーパーと1対1の局面に変わってしまう。キーパーにとっては、刀を持たず戦場に投げ出されたようなものだ。

本来なら日本流に細かく指示を与え、ディフェンスをコントロールしたいところだが、彼らは僕の話を聞こうともしない。何より欧州では、キーパーに求められている最優先課題は「止める」という一点にあった。

ベルギーでは、どれだけ難しい状況を止められるのか。どれだけ難しいシュートを止める能力を持っているかが問われる。難しいボールをいかに簡単に処理するかというスキルが求められた。パンチングではなくキャッチしろと指示される。Jリーグでは、パンチングを選択していたようなシュートに関しても「キャッチで処理しろ！」と言われる。相手の二次攻撃につなげさせずにシュートを完全に防ぎ、攻守を切り替えるには、確かにキャッチできれば、それはパンチングに勝る。彼らにしてみれば「それくらいのシュートはキャッチできて当然でしょう」という見方をしているもので、それほど、高いレベルのスキルが求められているのだ。

「シュートを止める」が、ヨーロッパのキーパーの大原則であることは、何回か体験したイタリア留学で理解していた。それでも僕は、現代のキーパーには、止める技術に加えて、ディフェンス陣のコントロールや攻撃参加などの役割が期待されていると考えている。僕も、そういうフレキシブルな能力を備えたキーパーでありたいと努力しているから、リールセでは攻撃参加にもチャレンジした。ベルギーの中でも、サイズのある選手が加入したので、彼がスタメン起用された時は、フィードのターゲットとして使ったのである。しかしチームは、いくら負けていても、ロングボールを使うような「蹴るサッカー」を嫌った。

「フットボールするぞ！」「攻めろ！」「攻めろ！」という掛け声がピッチに充満して、

ボールを蹴ると「つなげ！」「つなげ！」と、その戦術は全面否定される。「じゃあつなごうか」とボールをつないでみるのだが、簡単に奪われてつなぐサッカーもできなかった。

僕は八方塞《ふさ》がりだった。

ならば、その厳しい環境下において、いかに順応するか。いかに100％の力を発揮できるかを考えた。ディフェンスが動かず、攻撃ばかりに意識が行くチームにおいて、キーパーとして最大限にやれる仕事を考えて準備した。僕は、思う通りに運ばないことにストレスを溜めることをせずに発想を転換したのだ。郷に入っては、郷に従えの精神である。

シーズンが終わり、サポーターが選ぶチーム内MVPに選ばれた。失点を重ね、チームは負けが込んだが、僕の100％出し切るパフォーマンスを見ていてくれていたのかと思うと感激した。チームが1部に残留できたことが、せめてもの救いだった。

ポジティブな結果にこだわりたい

どんな環境に置かれてもぶれない芯《しん》を持っておくことは簡単なようで難しい。それがたとえ、どんな些細《ささい》なものでもいい。自分で決めたぶれない芯を貫き通すことも異文化で生きていくためには必要なことだと思っている。僕の場合は、そのぶれない芯とは、いつも100%全力という方針だった。

本当は、リールセでもう1年プレーを続ける気はなかった。移籍マーケットが開くと公式、非公式を含めたオファーがいくつかあったので移籍するつもりで準備をしていた。しかし、交渉事は相手のあることだからマネジメントにも限界がある。正式なオファーもあったが、そこに移籍する意味が見当たらなければリスクのみが大きくなる。レベルがベルギーとそう変わらないリーグや、サブのGKであることが確実視されているようなクラブは選択肢から消していた。2011年の移籍の可能性が薄くなり、しばらく気持ちを切り替えるのに時間はかかったが、今は、ポジティブな気持ちを持つことができている。

僕の、そして日本人のゴールキーパーにとっての挑戦は、まだ始まったばかりである。2010〜11シーズンは16チーム中14位だったが、サッカー選手である以上、タイトルを目指さねばならない。勝てばチャンピオンズリーグに出場できる可能性もあるのだ。これはチーム編成にも関わることで、一選手がやれることに限界はあるのだが、その意志や努力に限界はない。

1年の経験があるから、以前よりもやりやすい。チームメイトの特徴もわかっている。アシスタントコーチから昇格した新監督のクリス・ヤンセンスさんは、ディフェンスとしてベルギー代表歴を持っている人で、チームは、かなりオーガナイズされてきた。DVDも効率的に使い、組織プレーについての共通意識も生まれていて、「やろう」という意図は伝わってくる。今後は、どこまでディテールにこだわれるかが重要になってくるだろう。

14位に沈んだ2010〜11シーズンも、リールセは積極的に補強に動いて、選手を集めていた。しかし、その集め方がよくなかった。せっかく獲得した選手をまったく使わないこともあって理解不能だった。セントラルディフェンダーがいないからとイタリア人のセンターバックを3年契約で獲得したが、彼は2試合ぐらいしかチャンスをもらえずにセカンドチームに落とされた。守備の国、イタリアから来た人だから、僕と考え方が似ていて、それぞれの役割を決めてキーパーと連動しながら組織的に守ろうという考えの選手だった。だがリールセには、そういうチームコンセプトが皆無だったから、彼もやり辛かったのだろう。

海外のクラブは、様々な思惑を持った選手のカオスである。リールセには、スカウトの目に留まりビッグクラブにステップアップしたいという野心を持った選手もいるし、逆にプレミアリーグでプレー経験のあるベテランもいる。2002年の日韓ワールドカップで、ベルギー代表だったヴェスレイ・ソンクもいる。彼は、日本戦ではメンバーに選ばれず、未《いま》だに、そのときの是非が、ベルギーのサポーターの間では議論になっているような選手である。ソンクは、独特の個性を持った選手だが、自分の仕事にはこだわりを持っている。

僕は変わらず、どんどん意見を主張している。

練習での選手との喧嘩《けんか》も絶えない。「ワーワー言ってんじゃねえよ」と文句を言ってくる選手に対しても、なぜ、僕が意見しているのかを懇切丁寧に説明している。納得する選手もいれば、しない選手もいるのだが、僕は世界中どこに行っても、「いつも100%全力」の姿勢を失いたくはない。堕落に慣れてしまったらオシマイである。

第5章　勝てる組織をつくるためのマネジメント

理想のボスとは、新しい刺激、価値観を与えてくれる人

『理想の監督』とは、どんな監督ですか」と聞かれれば、たいていの選手は、こう答えるだろう。「自分を使ってくれる監督」「試合に出してくれる監督」と。

ビジネスマンが、「どんな上司が理想ですか」と聞かれれば、「自分の意見に聞く耳を持ってくれてチャンスを与えてくれる人」と答えるのに似ているのかもしれない。

しかし、生意気なようだが、僕にとって「理想の監督」の定義とは、それだけではない。何らかの新しい価値観を与えてくれる人。そういう監督が理想である。

当たり前のことを当たり前にやるのは最低限のベース。それをどういう形で、当たり前を当たり前にやれるように工夫するのか。その手法が指導者のポイントだと思う。それが見えればサッカーが楽しめる。

僕は、サッカーをやることで新しい考え方や新しい価値観を持ちたいと思っている。選手は常に刺激を求めているのだ。それを与えてくれる監督には興味が湧き、信頼感が深まる。そういう監督との出逢《であ》いは、自分自身のレベルを引き上げる重要なきっかけに

なるのだ。

僕は、これまでA代表の監督としては、イビチャ・オシムさん、岡田武史《たけし》さん、アルベルト・ザッケローニさんの3人を知っている。

初めてプロとなった大宮では、1年ごとに監督が代わった。入団した年は、三浦俊也さん。その後は、オランダ人のヘンク・ヘンドリック・デュットさんが1年、次の年は、菅野《かんの》将晃《まさあき》さんから、途中で清雲《きよくも》栄純《えいじゅん》さんに代わった。5位、6位、6位という成績で、僕が在籍した3年間でJ1に昇格することはできなかった。名古屋では、現在、柏レイソルの監督であるネルシーニョさんが2年目の途中まで監督を務め、その後、中田仁司《ひとし》さんになり、次がオランダ人のセフ・フェルフォーセンさん。川崎では、関さん（関塚隆）。そしてベルギーのリールセでは、不振のため3人監督が交代した。新シーズンからは、選手としてベルギー代表歴を持つクリス・ヤンセンスさんが就任していて早くも4人目である。

それぞれの監督に特徴があったが、特に関さんは、僕が理想とする個を生かす組織作りをしていた人だ。個の良さを把握して、それぞれの選手の良さを引き出そうとする。選手は、ノビノビとプレーできていた。もちろん約束事はあるけれど、その中で、それぞれの個性が殺されることはない。関さんは、その選手の長所がチームの中で機能するような指導をしていた。試合に出ていないサブ組の若手のFWのシュート練習にもつきあっていた。チームの隅々に至るまでモチベーションを絶やさない。それが、長いシーズンを戦う上でのチーム力となることを知っていた監督だった。

ジーコ監督の後を継いで日本代表監督に就任したオシムさんもそうだった。個人の良さを生かすことのできる人で、指導者、監督というよりも、まるで教育者のようなリーダーだった。練習では、考えさせ、走らせた。7色のビブスを使うなど同じパターンの練習をやらなかったし、選手を飽きさせない。すると、選手からはもっと学びたい、もっとオシムさんから新しい知識を引き出したいという探究心や向上心が出てくる。オシムさんは、そういう監督と選手との素晴らしき緊張関係を作り上げていた。オシムさんには試合に出してもらえなかったから、僕にとっては理想の監督ではなかったはずなのだが、大きな刺激を受けて充実感があった。

強い組織とは共通認識を持った集団

勝てる組織、成功する理想の組織とは、どんな組織なのだろうか。企業で言えば成功を収めている組織やグループ。あるいは実績を残しているコミュニティの集団に置き換えて考えてみてもいいだろう。

あくまで僕の個人的な意見ではあるが、全員がロボットのように右向け右で同じことをやるチームが、理想の組織だとは考えない。組織が個の良さを消してしまうのは最悪である。それぞれが自分の役割をまっとうし、お互いを助け合いながらも個性が生きる。

一人ひとりの〝らしさ〟が光っているチームと表現すればいいだろうか。それが、僕の理想とする組織のカタチだ。

11人それぞれが、個性を持っているが、同時にチームのピースであり、サブも含めた23人全員の団結やまとまりが必要である。一人が仕事をさぼれば他の人間に負担がかかる。試合の中では、そういう状況は必ずや出てくる。そこはチームとして連動してケアする。誰かがリスクを冒して攻撃に参加するなら、誰かがそのリスクをカバーする。それが、阿吽《あうん》の呼吸でできるのが、いいチームだと考えている。そして僕は、そういうチームを見ているのが好きだ。

個性の際立っているチームとは、なにも積極的だ、攻撃的だということと同義ではない。ドリブルが滅法凄《すご》い選手がいれば、空中戦では絶対に負けない守備が長所の選手もいるだろう。一人で二人分守れる選手がいるなら、それは素晴らしい個性である。一人ひとりの濃い色が、混ざり合ってチームの色となるのが美しい。

守備的になると攻撃に色が出なくなる。攻撃に色を出そうとすれば後ろの守備陣に負担がかかる。その色のバランスが、チームにとって重要な点でもある。色を鮮やかに出せているチームが結果を出せば、それは、僕だけではなくファンの方々も見ていて楽しいエレガントなサッカーとなるだろう。

全盛期の鹿島アントラーズやジュビロ磐田には色があった。浦和レッズにも色があった。ガンバ大阪にはガンバの色がある。そういう色＝個性を持っていることが僕の理想である。

しかし、その個性がバラバラでは、鮮やかな色になることはない。

個性を結びつけるためのカギは、共通意識を持つことだと思う。共通意識とは、チームコンセプトである。置かれる状況、状況で、何をしなければならないかというイメージを共有し、同じ絵を描けるというコンセンサスである。サッカーでの一瞬、一瞬の連動は常にパーフェクトにできるわけではない。サッカーは流動的なスポーツだから、ずれたり、ぶれたりすることは珍しくない。しかし、こうなったら、こうする、こう動くという、同じ絵を描いてさえいれば、チームとしての修正、連動はそう難しくないのだ。

指導者は、その共通意識を明確に選手に伝えなければならない。そして選手は、そのチームコンセプトを正しく理解し、そこにやりがいを感じなければならないと思う。勝者の集団となる上で大切なのは、その共通認識を理解した上で、迷いなくやれることだ。「これでいいのか」「こんなサッカーでいいのか」という戸惑いや疑問があったままでは必ず、それがプレーに出る。試合のテンポやリズムに顕著な影響を与える。

そこで監督の持つリーダーシップが大きな意味を持ってくる。「こういうサッカーをしよう」というコンセプトを考え、語り、方法論を構築して、実践するリーダーシップこそが、勝てる組織のチームマネジメント術と言える。

岡田前監督の実行力と決断

優れたリーダーは人を惹《ひ》きつけるチカラを持っている。

前日本代表監督の岡田武史さんが、南アフリカのワールドカップでベスト4を目標にかかげたサッカーは、その目標の高さゆえ、理想の形も高かった。岡田さんは、極端な現実主義者。リアリストである。そこが岡田さんの凄さだろう。その時、その時で、ベストの道を模索して実行する。自分がやろうとしているサッカーにフィットする選手しか使わない。そして、ギリギリまでベストの道を模索する。そんな岡田さんだからこそ、ワールドカップの直前にメンバーもシステムも大幅に変えるという大胆な決断が可能だったのだろう。僕自身も、まさか出場機会をもらえるとは思っていなかった。本人が思っていないのだから相当のサプライズである。想像を絶する実行力と決断力を持ったリーダーだった。

岡田さんは、ミーティングでよく哲学的な話をした。禅の話や、何かしらの本から引用した話から、どうすればチームがまとまるか、どういうメンタルを持って試合に臨まねばならないかという結論に導いた。それは、とても興味深いものだった。

そういう面では、ベルギーのリールセの監督として2011年の1月に就任したノルウェー人のトロント・ソリエドさんのミーティング手法も面白かった。どちらかと言えば、集中力を欠きやすい傾向にある海外の選手に対しても、うまく興味を抱かせ、話に引き込み、伝えたいことを簡潔に話す。

彼は、話の導入部分にクイズを使うのだ。

例えば「ヨーロッパのBから始まるスターバンドを3組挙げよ」と来る。ロックバンドならビートルズが真っ先にくるだろう。サッカーにおける雑学クイズも多い。例えば「1986年のメキシコワールドカップの3位国はどこか」。「その大会のトップスコアラーは誰か」などというクイズが出る。答えは、3位チームはフランスで、得点王は名古屋グランパスでもプレーしたイングランドのゲイリー・リネカーである。

メキシコ大会の準々決勝でフランスは事実上の決勝戦と言われたブラジルと戦った。当時、フランスにはミシェル・プラティニがいて、ブラジルにはジーコがいた。試合はPK戦となる。プラティニはPK戦で外すが、試合には勝った。しかし、フランスは、この試合で消耗してしまい、準決勝で西ドイツに敗れた。

そこで、ソリエド監督は、「そのフランスの置かれた状況に、今の君たちが置かれた状況が似ているぞ」とミーティングをスタートさせる。僕は、そのクイズにあまり答えることができなかったのだが、話の中身には自然と引き込まれた。

会議がうまく進行できない、どうも部下に言いたいことが伝わらないという企業やコミュニティのリーダーの人は、こういう手法が参考になるのではないだろうか。

浦和東高校のキャプテンになって変化した思考

自分の目標達成に周囲を巻き込む

会社に一人、働かないダメ社員がいるとしよう。「あいつはダメ社員だから」で切り捨てていいのだろうか。社員が100人いて、100人共に優秀ならば何も問題はないだろうが、世の中は、そうはいかない。いかに全員が一つの目標に向かって努力を続けるか。それは、チームに似ている。

僕にもリーダーとなった経験がある。浦和東高の3年になって僕はキャプテンに選ばれた。浦和東のキャプテンは全選手の投票で決める。自分が選ばれるとは思っていなかったが、蓋《ふた》を開けてみると、僕がキャプテンで、副キャプテンが二人という体制になった。

「立場は人を変える」という。僕にもキャプテンシー、つまりチームを引っ張る責任感が芽生えた。体育祭で応援団長を務めるなど、リーダーとしての素養は多少なりともあったのかもしれないが、それまでは自分の考え方がすべてで、思考はかなり偏っていた。自分を中心に地球が回っていると考えるタイプで、他人の意見を受け入れられなかった。

チームの目標は、全国高校サッカー選手権に出場して全国優勝することだった。個人的にはプロになることを狙っていたので、たとえ周囲にどう思われようと、ただひたすら、前を向いて、その目標へ突き進んでいた。唯我独尊的である。

猛烈に一直線に突っ走るだけで周囲が見えていなかった。

「サッカー部でサッカーをやっているなら、選手権での優勝を目指して当たり前」という自分の目標と価値観を、当然の共通認識として全員に押し付けていた。自然と周りに対しても強く当たっていた。自分と同じ意識レベルにいない選手が許せなかったのである。

当時の浦和東は、個性の強いチームだった。レギュラーに選ばれている選手でも平気で練習に来なかったり、学校に来なかったり、まるでサッカー版の「ROOKIES」のようなチームだった。キャプテンになるまでは、やる気のない選手がいても気にしていなかった。

「レギュラーの選手だろうが、サブの選手だろうが、やる気がなければやめればいい」と、どちらかと言えば、弱者切り捨ての考え方をしていた。脱落者は去ればいい。そこに罪悪感もなかった。

それがキャプテンになって気持ちの持ち方に変化が表れた。

「周りのことも考えなきゃいけない」ということを感じ取れるようになった。協調性が芽生えてきたのである。

練習に来ない選手でも自分の仲間ではないか。そういう選手も巻き込んで目標を一つにして突っ走りたい。本来は熱血漢である。燃えるものが出てきたのだ。

全国優勝という目標を達成するための組織づくりを意識せざるを得なくなった。勝てる組織をつくるために周りにも積極的に働きかけて、みんなを引き込んでいかねばならないと考えた。

会社でも同じだろう。個人成績だけを考えていては、部署や、会社全体のレベルアップにはつながらない。全体が押し上げられることは、最終的に自分自身を高めることにフィードバックされてくる。

他人の長所を見つけよう

僕はキャプテンとなった時に、人の長所を見るようにしようと心がけた。

「その人の悪いところが見えてしまったとして、それがその人のすべてなのだろうか」と自問自答した。脱落する弱者を切り捨てていけば、それで解決するのだろうか。誰にでも長所はある。切り捨てるのではなく、その長所を見つけて引き出してやることが大切なのではないか。学校にも練習にも来ない選手でも、心の中ではきっとサッカーが大好きなはずだった。しかし、何らかの理由があって来られなくなったのだろう。

そういう状況や、環境を理解して、彼らのいいところを見るようにすれば、彼らを組織の一員として受け入れられるし、チームのプラスの材料にもなると思った。

メンバーに入ることのできないサブの選手も、目標に向かっていくチームの流れに引き込みたかった。「試合に出られないなら、選ばれるようにレベルアップの努力をしてみよう。練習をしないで使ってもらえるわけはない。オレもつきあうから一緒に練習しよう！」と、呼びかけて、全体練習後の居残り練習を一緒にやり始めた。

決して強制ではなく、やるかやらないかは、その選手本人の自主性に任せたが、まとまりや団結力という無限の力をチームに備えるには、そういう働きかけが不可欠だと考えて行動していた。それでも来ない選手は来ないままだった。僕なりにやった。その試みが、成功したかどうかはわからない。しかし、キャプテンの責任を感じながら、サッカーにおいての団結力や一丸になるということの大切さを知った。

最後の全国高校サッカー選手権には出場することができなかった。県の準決勝で西武台高校に0－1で敗れたのである。

その年はメンバーの大半が2年時からレギュラーに抜擢《ばってき》されていた経験を持ったチームで、インターハイも、関東大会も、新人戦も、すべて県で優勝を飾っていた。

戦術的には、いわゆる「蹴《け》るサッカー」。フィジカル重視のシンプルなスタイルのサッカーだったが、実力は間違いなく埼玉県でナンバーワンだった。それが肝心要《かなめ》の選手権の埼玉県予選だけは、県で一等賞を獲得することができなかった。

その勝負を決する1点がゴールネットを揺らした瞬間のことは、鮮烈な記憶の中に置いてある。ほとんど残り時間がなかった。僕は、ゴール前のバックパスからのこぼれ球を左足で蹴ってクリアした。しかし、そのボールは相手につながった。そのまま、サイドをえぐられた。クロスを上げられシュート……僕は反応ができなかった。今でも、当時の仲間に会うと「もっと外に蹴っていれば」「もっと上に蹴っていれば」と、クリアボールが悪かったことに対しての文句を言われる。しかし僕から言わせれば、バックパスが悪く、しかも相手ディフェンスがプレッシャーをかけてきたため、ポンポンと浮いている状態のボールを左足でクリアせざるを得なかったのだ。

それでも、今の僕ならば、防いでいなければキーパー失格とも言える1失点だった。

僕は号泣した。小さい頃から泣き虫の僕は、高校の時は試合に負ける度に泣いていたが、特にこの時は大泣きした。

余談ではあるが、同窓会で話題になるのは、その失点シーンよりむしろ、その試合で起きたアクシデントについてだ。一人の選手がヘディングで競り合った際に、後頭部を強打して倒れ、全身が硬直、痙攣《けいれん》を起こして病院に運ばれた。僕らは「あいつは大丈夫だろうか」と、それから全然試合に集中できなくなった。特に僕は、目の前で目撃していただけに「やばい」と心配で仕方がなかった。幸い彼は命に別状がなく、後遺症もなく今では元気だ。

僕は今もプロとしてサッカーを続けているが、当時の仲間のほとんどがサッカーから離れ、社会人として生活している。同窓会などで昔話をすると、「あそこで、おまえがいなかったら、チームに芯《しん》がなかった」「おまえが、そういうことを言っていたから、バラバラになりそうなチームもまとまったんじゃないか」とも言ってくれるが、相当煙たいキャプテンだったのだろう。そして、そういう価値観の押し売りも間違っていたと反省している。

サッカーは11人のスポーツである。キーパーが点さえ失わねば勝てるんだという傲慢《ごうまん》な考えは持っていなかったが、勝利のためには、団結とかまとまりという一体感がなければならない。価値観の押しつけと、リーダーシップは異なるものだ。

そして人の長所を見つけることは自分自身を成長させることでもある。自分だって完《かん》璧《ぺき》ではないのだ。もしかすれば、その人の長所は自分に欠けているところかもしれない。

ザッケローニ監督の人心掌握術

ちょっとした言葉を投げかけ相手に考えさせる

人心掌握の手法は、リーダーによって様々だろう。アルベルト・ザッケローニ監督は、刺激を与える監督というよりも、選手が働きやすい環境を整える監督だと思う。監督によっては選手との親密な関係を作る人もいれば、あえて距離を取る人もいる。現日本代表監督は、ある程度、距離を置く部類の人だろうが、ポイント、ポイントでの対話を重要視している。会社の上司にも、プライベートのつきあいも含めた対話重視型と、距離を置きながら仕事上の対話を軸に信頼関係を築くタイプがいると思う。ザッケローニ監督は、前者と後者の良さをうまくミックスしたようなタイプだろうか。

初対面は2010年8月のパラグアイ戦に向けての合宿だった。新監督は指揮を執らなかったが、顔合わせのような感じで現れた。個人的には話をしてないが、ラテンのノリのイタリア人なのに冗談は言わなかったし、真面目な人なのかなという第一印象を持った。

ザッケローニ監督は、選手を注意深く観察している。選手が、どういうことをしているか、どういう反応をしているか。細やかに見ていると感じる。

チームには「携帯を使うな」「スリッパでホテルを動くな」などの細かい規律はあるが、気になるような厳しい約束事ではない。名古屋時代のセフ・フェルフォーセン監督は、もっと厳しい監督だった。昼休みもクラブハウスから出てはいけない。食事は全員一緒に揃って食べなくてはいけない。しかも、みんなが食べ終わるまで席を立ってはいけないなど、規律が多かった。それに比べると窮屈感はない。

ザッケローニ監督は、自分がどんなサッカーをやりたいかを選手に伝える手法が絶妙である。それを明確に伝えられない監督だと、選手に迷いが生まれ、それがプレーにも如実に出る。ザッケローニ監督は、ミーティングや練習、あらゆる機会をうまく使いながら対話の時間を作る。そして、その対話の中で、選手の成長を促すのだ。

マヤ（吉田麻也《まや》＝サウサンプトン）は「お前の成長が止まったら、もう代表には呼ばない」と言われたそうである。僕も、関係者を通じて、こんなメッセージをもらった。

「チームを早く替えろ。そうでないと代表に呼ばないぞ」

まさに、それは僕が考えていることと同じで、ベルギーのリールセからさらにステップアップしたレベルのリーグ、クラブに移籍せよと言うのだ。

そういう、ちょっとしたフレーズというものは、立ち止まって考えさせられるものだ。おそらくマヤに投げかけた言葉も、僕に伝えた言葉も、半分ジョークだろうが、もう半分は本気で、狙いは、選手の成長を促す戦略だと思う。さらに進化するためには、何が必要でどうすべきかを選手に考えさせるのだ。ザッケローニ監督の人心掌握術は奥深い。

問題解決は早く！　ザッケローニ監督の試合後の指摘

問題解決はできる限りスピーディーな方がいい。反省や分析は、早く行えば行うほど理解度が高まり、次につなげる材料になりやすいというのが僕の持論だ。

ミステル（イタリアでは監督をこう呼ぶので、僕もザッケローニ監督をこう呼んでいる）の問題解決へのアプローチは実にスピーディーである。

ザッケローニ監督は勝負にこだわる人だ。勝負にこだわる人は細部にまでこだわる。合宿中には、ディフェンスにおける体の向きまで細かく指導していた。セリエAの監督時代に栄光も挫折《ざせつ》も知っている人だからこそ、勝敗を分けるのが何かを知っているのだろう。

ハーフタイムでは多くを語らない。ポジショニングの修正など、精神論よりも技術論が主だ。しかし、ここぞという時のミスの分析は鋭く見過ごさない。代表監督の経験は今回が初めてのはずだが、代表チームが集まれる機会は、そう多くないことを十分にわかっていて「鉄は熱いうちに打て」の指導方針である。

ミスが起こると、すぐに問題解決を図る。この姿勢は見習いたい。情報処理や対応においてスピードというものは、今や、どの社会でも求められているファクターだろう。

優勝を飾ることのできたアジアカップだが、僕を含めた守備陣にはゴタゴタが続いた。準々決勝カタール戦後の記者会見で「ディフェンスに四つのミスがあった」と、ミステルは語ったらしいが、僕らは、すぐさまロッカールームで緊急ミーティングを開いていた。

試合後にザッケローニ監督から直接話があった。

「どうだったんだ、あれは」と、まずはフリーキックからの失点の場面の確認があった。なぜ、ミスが起こったかということを客観的に分析することは、ゲームマネジメントの基本である。

1－1で迎えた後半16分。自陣のペナルティエリアの少し前で、マヤからユウト（長友佑都《ながともゆうと》＝インテル・ミラノ）に出された不用意なパスがカットされた。それをあわてて奪い返しに行ったマヤはボールをクリアした後に、偶然、相手選手に足がかかってしまい、この日、2枚目のイエローを出されて退場となった。そのフリーキックの場面である。右約15メートルほどの角度のない場所からのフリーキックだ。マヤが退場したことで、ディフェンスが一人少なくなっていた。僕はとっさにマークの位置をきっちりと決めきれていなかった。壁の立て方もよくなかった。単純なケアレスミスが重なった。

ファビオ・モンテシンに左足からダイレクトでボールをニアに通された。その瞬間に「行かなきゃ」と思ったが、中には人がたくさんいたので躊躇《ちゅうちょ》した。ニアをカバーしていたユウトも、その中で足を振っているのだ。蹴ろうとした瞬間に相手に押されている。僕も「誰が触るんだ？」と一瞬、動きが止まってしまった。その瞬間、反応が遅れていた。

ミステルは、ハッキリと言った。

「あそこの壁は、絶対に通させちゃダメだ」

僕も同じ認識を持っていた。あそこはボールを通させてはいけない場面だった。なのに、それができなかったのは、大きな僕の失敗である。

壁にシンジ（香川真司《かがわしんじ》＝マンチェスター・ユナイテッド）一人しか置けておらず、ニアのコースが空いてしまっていた。本来ならば、その壁の位置はもちろん、2枚にするなど人数も変えなければならなかった。

セットプレーのポジショニングひとつとってみても「ここでいいの？」と確認してく

る選手もいるし、ここは危ないなと察知して、動いてくれる選手もいる。その一方で、そこまでの余裕がない選手もいる。そのあたりの意識のバラつきは、チームとしての経験を積む中で調整していかねばならない課題である。ディフェンスの選手全員が、危機を察知する意識を共有できるようにならねばならないし、僕自身が努力して、そういう方向へ意識を仕向けていかなくてはならないという自覚もある。

ミステルの指摘は、1失点目のシーンに移った。

1失点目は、カウンター攻撃で、セバスチャンに裏に抜けられたものだった。右サイドをえぐられ、マークについたマヤの股《また》を抜かれたシュートである。

失点の原因を分析したミステルは、二つ注意した。

まずコンちゃん（今野泰幸）に対して「前に出るべきではなかった」と指摘した。そもそも、前に上がったコンちゃんが、ハイボールを競りにいって負け、こぼれたボールを相手に拾われたのが起点となった。そこから裏に長いボールを出されることになったのだ。

「センターバックが、あそこまで前に出るな。ポジションをキープし、違うやつに行かせろ。一つ目をやられたらダメだ」

ザッケローニ監督は、静かな口調で語った。

そしてもう一つ、実はこの場面で、裏をとられる形となったマヤは、セバスチャンに対してオフサイドトラップを仕掛けていた。ミステルは、「ここはオフサイドトラップかけるところじゃない」とも注意した。「あそこは、絶対に中に行かせちゃいけない場面だ」と。そういうところの指示は細かい。カルチョの国から来た人だけあってディフェンスへの意識を高く持たねばならないことがわかっているのだ。

本田と長友の会話に割り込んだ理由

リスク管理は勝利に近づくための鉄則

リスク管理は勝利に近づくための鉄則である。これは、どんな社会にも当てはまることだと思う。投資の失敗や事業展開のミス、受験生ならば、予期していなかった問題が試験に出るなど、イケイケの時こそ、最悪のリスクを常に頭に入れておかねばならない。

アジアカップの最中には、ホテルでこんなことがあった。ホテルの共有スペースで、本田とユウト、オカ(岡崎慎司《おかざきしんじ》=マインツ)が、試合のDVDを観ながらゲームを振り返っていた。彼らはその試合について、ああだ、こうだと議論をしていた。僕も、たまたまその場にいたので、どんな話をしているのかを側で聞いていた。議論のテーマは、攻撃の話だった。本田がユウトに「攻撃の時は、もっと、このあたりにいていい」と高い位置でポジショニングするように意見をしていた。そう言われたユウトも、「確かにそうだ。ここで、もう少し高い位置にいたら相手にとってはもっと危険だよね」と素直に受け入れていた。僕はその議論に「ちょっと待ってよ」と割って入った。

「言っていることは確かにわかる。サイドバックのユウトが、ここまで高い位置にいたら相手は嫌だし引かざるを得ない。それでうまくいけばいいよ。バルサみたいに相手を崩せるんだったら僕は何も言わない。でも、うまく運ばなかった時、誰が後ろを守るんだ？　そういうリスクを考えて後ろに締める人がいなきゃいけないだろう」

あまりに守備への意識が希薄すぎる。僕は、彼らの話を聞いていて、このままでは危ない気がした。

彼らも、そういう僕の意見はわかってくれていた。

「確かにそれはそうだね。危険なポジションにはなるけど、どこかでリスク管理の頭を持っていかなきゃいけないよね」と、本田もユウトも僕の提言に同調してくれた。

生意気なようだが、ディフェンスの意識をチームに植え付けていくのは、キーパーという全体を俯瞰《ふかん》することのできる場所にいる僕の仕事だろうと思っている。

ディフェンスに必要な新リーダー

あくまでも私見だが、南アフリカのワールドカップのチームが、なぜグループリーグ突破を果たせたのかを分析すると、守備への意識の高さと、どう守るかの共通認識を持てたことだと思っている。南アフリカワールドカップを戦ったチームは直前になってシステムを大胆に変更した。阿部ちゃん（阿部勇樹）をアンカーの位置に置いて守備ブロックを作った。戦術的にも守備を重視して選手の守備の意識も高めた。

僕は、次の2014年に向かうチームは、南アフリカワールドカップ時の守備組織をベースに、さらに攻撃の部分を成長させるべきだと考えていた。

ザッケローニさんが監督となっても、2010年9月のパラグアイ戦、アルゼンチン戦では、その形が継続されていた。全員に守備の意識の共通認識があったから、ああいう試合ができたが、アジアカップでは多少、その意識に危険な変化の兆候が生じていた。「相手も引いてくるから、自分たちが攻めなければいけない」と攻撃だけに意識が行ってディフェンスをないがしろにしてしまう傾向が見られたのだ。

ワールドカップでは、佑二さんと闘莉王が、そういうケースでも、ディフェンス部分を引き締めて、コレクティブに守った。そういうディフェンスに、こだわりを持っている選手が、一人いるだけでキーパーの安心度が違うのだ。

その佑二さんのこだわりは、失敗の歴史から積み重なって形になってきたもので、予測、察知、マーク、連携に優れている。それこそが経験を持つベテランの強みである。

2009年9月にオランダで行われた親善試合のオランダ戦。僕も、その試合では先発出場の機会を得たが、日本は前半、オランダを驚かせるような運動量で圧倒しながらも、最後は息切れして0‐3と大敗した。その3点目は、スナイデルに打たれたものだった。佑二さんは、スナイデルに体を寄せていたけれど、結局、ゴールを許した。ボールに触れながらもフィニッシュされてしまったのである。佑二さんと、試合後に反省会を開いた。

「あそこで、もう一歩寄せなきゃいけないな」

守備へ細かい意識を持つ佑二さんは、そう言って悔しがった。もう一歩寄せることでシュートコースを切れたかもしれない。するとキーパーも止められる可能性が出てくる。こういう意見を交換すると、ディフェンスとの間に深い信頼感が生まれる。

こういうこだわりや、信頼関係は、ディフェンスの人間が自分で感じ、経験し、工夫していかねば本物にはならない。

2014年のブラジルワールドカップでのベスト8以上が、僕たちが設定している目標である。ワールドカップのアジア予選と、その本番で必要とされているサッカーはレベルも戦術も明らかに違うものだが、急に「相手が世界レベルだから守備の意識を持とう」と言っても難しい。佑二さんや闘莉王は、それだけの経験をしていたから急なシステム変更にも対応できたのだ。ブラジルで結果を出すためには、そういう危機を察知する感覚を持ったディフェンスのリーダーが絶対に必要だ。今の代表で言えば、コンちゃんやマヤらが経験を積む中で、その役割を担ってくれると思っている。

信頼を得るために媚を売る必要はない

勝つための組織論を語る上でのキーワードが散らばっているので、アジアカップの話題を続ける。僕は上司、すなわち、監督の信頼を得るために媚《こび》を売らないことを信条としている。キーパーはミスを犯すポジションなのだ。

「監督に気に入られるようにしよう」「よく思われるように行動しよう」ではプレーが保守的になりかねない。そういう動機は、マイナスの発想。ポジティブなプレーにはつながらないのだ。好ましくない負のサイクルに入ってしまう。監督は監督、自分は自分。監督が要求する役割を全うすることが最低限の仕事で、加えて、それ以上の仕事をするだけなのだ。それこそが、監督との信頼関係につながっていくと考えている。

僕はグループリーグのシリア戦では退場処分を受けた。後半26分に、ペナルティエリアで敵のプレーの邪魔をしたとされ、一発レッドカードの判定である。

「え？　なんでレッド？」

一瞬、何が起きたかがわからなかった。その前に完全にオフサイドだった。しかも僕は、確実にボールに対して止めに行っていた。相手が僕に体を入れなければボールを触ることができたはずで、「なぜ、退場？」と、わけがわからなかった。

到底、納得などできなかったが、僕は退場を告げられると、すぐにドーピングルームに連れていかれた。ドーピング検査は毎試合無作為に選ばれるもので、その日、指名されたのが僕だったのだ。ドーピングルームにはテレビもなくて、どういうゲーム展開になっているのか状況が、まるっきりわからない。

あまりに理不尽な〝中東の笛〟には、腹も立ったが、それよりなにより、「このまま引き分けたらどうしよう。予選敗退になったらまずいだろう」と一人、悶々《もんもん》としていた。ドーピングルームから解放され、試合結果を聞いた時は、全身の力が抜け落ちた。

いわゆる〝中東の笛〟は、もう明らかすぎるほどのものだった。マヤへのレッドカードも首をひねるようなレフェリングだった。しかし、本当に強いチーム、いわゆる「リアルチーム」になるためには、そんなものをひっくるめて乗り越えていかねばならない。この先、ワールドカップのアジア予選のアウェーでも、いつ同じような状況に置かれるかもわからない。

グループリーグ最終戦のサウジアラビア戦は出場停止によるスタンド観戦である。祈るような気持ちで試合を見ていたが、その時もザッケローニ監督は、僕に対して「君への信頼はもうなくなった」というような素振りを微塵《みじん》も見せなかった。どうするべきだったかの話は、すぐにしたけれど、それはイコール、「もうおまえは、試合から外す」という問いかけには思えなかった。

ザッケローニ監督は、ミーティングでは、選手に対して様々な要求をするが、日本代表選手のことを絶対的に信頼している。

しかし、僕自身の話で言えば、監督に信頼されているかどうかには、関知しないようにしている。つまり絶対に媚は売らない。監督に対しても、自己主張をして意見をがんぶつけるよりも、「まずは言われたことをやってみよう」という対峙《たいじ》の仕方が僕の基本姿勢である。そこで「うまくいかない」「戸惑いがある」「言われたことがわからない」という事態に陥った時に質問をすればいいだけの話だ。そして、その監督との対話は、媚を売るのではなく、率直な意見の交換でなければならない。

監督と選手の関係は、ビジネスの世界での上司と部下の関係に似ている。上司に気に入られたい、上司に褒められたいでは、保守的な結果しか生まれない。大きな成功をもたらすチャレンジの精神を見失うことになりかねないのだ。信頼を得るために媚を売っていては、上司も、その人自身も、なにより組織も全体のマイナスとなる。得する人は誰もいない。

燻っていた問題に気が付いたスイス合宿での選手ミーティング

自分たちの本当の力を知ること

行き詰まった時こそ、自分たちの力を知ること、つまり、客観的に自己評価することが大切だ。そこには目標に近づくヒントが隠されている。ビジネス、勉強、人間関係……そういうものに閉塞感《へいそく》を覚えたら、まずは、自分を見つめ直してみてはどうだろうか？

そういうセルフマネジメントの大原則を僕は南アフリカのワールドカップで実感した。岡田監督のチームは、ベスト4を目指すという目標を立て、僕たちは本気で、その目標達成に取り組んでいた。だが、ワールドカップに向けての親善試合では連敗。4月のセルビア戦で0－3の完敗、5月の韓国戦でも0－2と敗れ、自信をなくしたチームは、なかなか完成したカタチにはならなかった。

南アフリカの高地に順応するため、5月26日からスタートしたスイス合宿中だった。能活さんが中心になって、僕らは、選手だけのミーティングを開いた。そこで闘莉王が「世界の中でオレたちは下手くそなんだから、泥臭く戦って行かなくちゃ勝てない」と発言した。それは、皆の心の中で燻《くすぶ》っていた問題だったと思う。僕も同じような気持ちを抱いていた。

自分たちは、一体、どういう気持ちで戦わねばならないのか。それを誰もが胸の内ではわかっているはずだったが、実際にやっていることとの間にギャップがあった。

闘莉王の発言がきっかけとなって、誰もが、その燻りを吐き出した。

システムや戦術の話も出たが、「残り時間が少なくなっている中で、今自分たちに何ができるのか」を現実に返って見つめた瞬間だった。僕は、この時点ではサブ組である。

紅白ゲームでは、反対チームに入っていた。そういう敵の視点から意見を言った。

「自分たちの理想とする形のサッカーがうまくいかなかったら、どうするかを考えなくちゃいけないんじゃないですか。その場合のプランをハッキリしておいた方がいいと思います」

例えば、僕らが標榜《ひょうぼう》していた「ショートパスで崩す」というサッカーが機能しなかった場合は、ディフェンスの裏を狙うようなオプションもあるだろう。では、その場合、誰が裏へ走って、誰が蹴るのか。そういう共通認識も、みんなで共有しておくべきである。僕は、そういう一種のリスクヘッジの話をした。

自分たちのチームを客観的に分析する作業はとても難しい。うまくいかない理由を見つけることは容易ではないのだ。勝てない理由は、必ずどこかにあるはずなのだが、「オレたちは100%努力しているよな」と言い訳をしてしまうと、その理由はどこかに隠れてわからなくなる。

しかし、闘莉王の発言が、誰もが言葉にできなかった本音を引き出した。結果的に、うまくいかない理由を見つけ、それを自分たちで解決するためのヒントをつかむことができたのだ。

グイードGKコーチから受けた刺激

成長を妨げるものはマンネリである

ザッケローニ監督は、いいプレーに対しては、「ブラボー！」と声をかけてくれるが、基本的にはキーパーのことには口を出さない。専門的な部分は専門家に任せる。僕はイタリアでのサッカーを何度か体験しているので理解できるのだが、イタリアでは、キーパーの仕事は、キーパーコーチに任せるという考え方が一般的だ。GKが特別なポジションであることを、指揮官も含め誰もが理解している。ザッケローニ監督も同じ方針なのだろうと思う。

会社で言えば、社長は全体の方針、すなわち総論を決めるが、各論については各部署の部長や課長にある程度の裁量権を与えて任せるというスタイルだろう。信頼感が組織の接着剤となっているわけである。

GKコーチ、マウリツィオ・グイードさん（マウリと呼んでいるので以後、マウリと表記）は、ザッケローニ監督が連れてきたスタッフの一人。とてもプロフェッショナルでキーパーの心情がわかるコーチだ。1994年からザッケローニ監督のスタッフとしてGKコーチを務めてきた右腕で、98―99シーズンのACミランのスクデット獲得にも貢献した。

イタリアは最もGKのレベルが高い国と呼ばれている。マウリさんの指導の基本理念は、「どうすればシュートを止める可能性が高まるか」というもの。練習の中でも、今の日本代表キーパーたちが持っている能力をさらに引き出すようなメニューを組み込んでくれる。日本ではキーパーが司令塔となって最後尾からチームを動かすというイメージが強い。キーパーのコーチングは重要視されている。

しかし、ラインコントロールのすべてをキーパーができるわけではない。キーパーが正しいタイミングで、正しい動きをすれば、それがチームの流れにつながっていく。確かに味方を動かすこともキーパーの仕事の一つだが、もっとベーシックなキーパーの役割を確実に果たしてくれればいいという考え方だ。ザッケローニ監督、マウリさんの方針は僕がイタリアでフルゴーニさんから教えてもらったことや、ベルギーで体験したものに似ている。

また、キーパーは専門的な練習のためにチームのフィールド練習から離れるが、ザッケローニ監督の代わりに「3-4-3」の戦術などを噛《か》み砕いて説明してくれるので助かる。監督との信頼関係が深いので情報や戦術への理解度も共通していてぶれない。スタッフによって言っていることや考えていることがバラバラというのは最悪だが、チームザックの面々は、そのあたりの共通認識は、綺麗《きれい》に一本化しているように思える。

マウリさんは、かつてイタリアの代表キーパーだったアンジェロ・ペルッツィや、現在ACミランの正GKであるクリスティアン・アッビアーティを指導してきた経験があり、超一流のGKが、どういうトレーニングをしていたかというエピソードを具体的に話してくれる。特にペルッツィは、パワーと安定感に優れている選手で、そのパワーを鍛えるためのトレーニングを徹底していたという。しかし、そればかりを過度にやったため逆にフレキシブルな部分がなくなるという悪影響が出たそうだ。そういう体験談は、おおいに参考になる。

アスリートにとって危険なのはマンネリ化である。これは企業に所属するビジネスマンにも共通する危険な兆候だろう。ただ、お決まりのルートセールスや、与えられた仕事を消化するだけでは企業の利益も伸びず、第一、その人自身の進歩はない。常にイノベーションを求めていかねば、成長も進歩も生まれない。

新しい何かを探すきっかけをつかむためにも、僕はマウリさんの持っている知識に貪《どん》欲《よく》に食いついた。自分が求めるものも随時変わってくる。今の自分にとって何が課題かを常に進行形で知っておくことが重要である。

マウリさんからは、キーパーとしての新しいイメージを持たされた。それはゴールを「面で守る」というイメージである。相手のシュートに対して壁のような防御面を意識していれば、広範囲なボールに反応しやすい。ワンポイントの点だけに絞ってイメージしていれば、裏をかかれたり、少しずらされただけで、反応が遅くなる。だが、面という大きな幅を想定しておき、そこに来たボールに対して反応すればいいという意識を持つと、オールマイティな準備が可能になる。不思議と反応も鋭くなるのだ。

練習メニューも、そのイメージを具現化するようなもので、ウォーミングアップから、常に自分より前でボール処理することを徹底される。ほとんどの場合のアップメニューと言えば、マンツーマンで、「蹴ってキャッチ」「蹴ってキャッチ」という動きの中で体をほぐすものだ。だが、マウリさんは、まず前に出させてから手で投げたバウンダーのボールを処理するというようなメニューをアップから入れる。ここで、もう「前」と「面」というものを意識させられる。そして、ボールを自分より前の位置に立てて置き、そのボールを目印にボールに向かっていくトレーニングメニューなどもある。これも意識は「前」と「面」だ。ボールを待って後ろで処理するというメニューは、ほとんどない。イタリアで、フルゴーニさんに習った「ボールにアタックする」というコンセプトと同じだ。

リールセのGKコーチにも、「プレーエリアを広げよう」「もっと前でプレーしよう」と言われる。おそらく、こういう思考が日本では学べないキーパーのワールドスタンダードだと思う。

「3・4・3」システムは、2014年を見据えている
成功を収めた時こそ、次へチャレンジするべきだ

思考停止をしている集団に進歩はない。常に先、先を見据えておかねばならない。それには、チャレンジというキーワードが重要になってくる。

日本には2014年のブラジルワールドカップで大きく飛躍する可能性がある。2010年の南アフリカワールドカップでは、ベスト16でPK戦の末、パラグアイに敗れた。コマちゃん（駒野《こまの》友一《ゆういち》＝ジュビロ磐田）の失敗ばかりがクローズアップされたが、僕は、パラグアイのPKを1本も止めることができなかった。

ピッチ場では涙をこらえていた。最後まで強がった川島永嗣でいたかったのだ。だが、ロッカールームに戻り、一緒に戦ってきたチームメイトの顔を見ると、もう耐えられなかった。堰《せき》を切ったかのように涙が溢《あふ》れた。とめどなく溢れた、その涙は悔し涙である。

ブラジルワールドカップでは、その上に行かねばならない。ベスト16からベスト8、ベスト8からベスト4へと、一つずつ階段を上がっていく、その一歩は、自分たちが考えている以上に大きいものだろう。今の自分たちの成長やポテンシャルに自信を持ってもいいが、もっとシビアな視点を持たないと簡単に到達できる目標じゃない。

しかし、あの南アフリカのブレトリアのピッチで、負けて涙して感じたものがあるからこそ、もう一つ上に行くためのイメージは持てる。特に僕はワールドカップ後、海外に出たことで、そのイメージがさらに具体的になった。

チームの守備の面での長所を生かし、コレクティブにチームとして機能させ、攻撃的な守備から相手のペースを潰《つぶ》していく。南アフリカワールドカップを戦ったチームの良かった点を残しつつ進化し続けなければならない。4年の間に、世界のサッカーは激しく変わっていく。僕たちが、思っている以上に、他の国は努力していると思う。クラブサッカーの世界で、あれだけのクオリティの高さを誇るバルセロナでさえ、さらに、その質を高くしようと懸命だ。

2010年の時点で思考停止していたら痛い目を見る。命懸けで前に進み続けなければならない。これは企業などの集団だけではなく、個人のスキルアップにも同じことがあてはまると思う。僕らのチームの場合、さらに前へ進むためのチャレンジが、これまでやったことのなかった「3-4-3」システムへの取り組みである。

「3-4-3」を臨機応変に自分たちで操れるのが理想

2011年6月のキリンカップ、ペルー戦、チェコ戦で「3-4-3」のシステムが、新しく採用された。チームの可能性を広げる試みとしては大賛成だ。アジアカップでは優勝したが、「いい結果を出せたから、これでOK」では進歩がない。あの苦しい戦いを通じて僕たちは、もっと成長しなければならないということを知った。成功をつかんだ時こそ、次のプランニングをしてチャレンジするべきだ。これはビジネスにおける事業展開の方法に似ている。一種の拡大再生産である。ブラジルワールドカップまで、ま

2011年1月アジアカップ・オーストラリア戦先発

2011年6月キリンカップ・チェコ戦先発

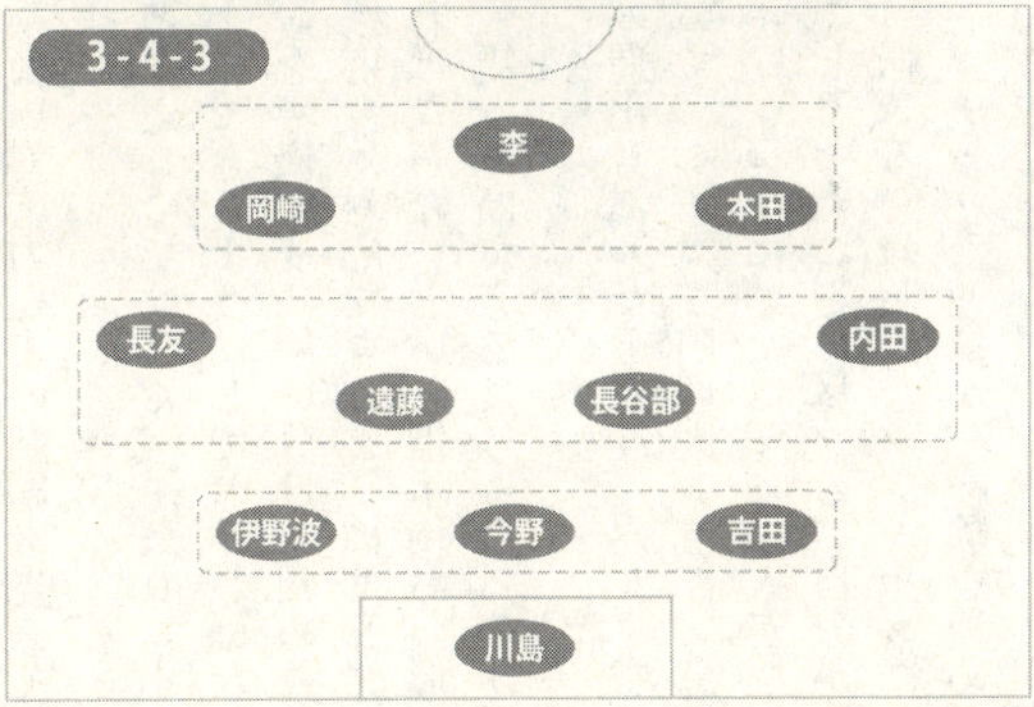

だ時間のある今こそ、新しいことにチャレンジして自分たちの幅を広げなければならない。高度なチャレンジをすることで、僕たちに足りない対応力などの課題も見えてくると思う。

そして「3‐4‐3」を、新しいオプションだと捉《とら》えるのではなく、往来の「4‐2‐3‐1」も、どちらもパーフェクトにコントロールできるようにしておかねばならないと思っている。その試合の状況においてシステムを臨機応変に使い分けるためには、まず、自分たちが、それを深く理解しておき、臨機応変に対応できるように準備する必要がある。監督が指示しているから、こうしなければならないという指示待ちの形ではなく、自分たちで試合の状況を見て、システムの変更を判断できるようになるのが理想形だ。

キリンカップのペルー、チェコの2試合の中での進化もあったと思う。ペルー戦においての「3‐4‐3」の反省点は、ハッキリしていて、ミチ（安田《やすだ》理大《みちひろ》＝サガン鳥栖）と西大伍《にしだいご》（鹿島アントラーズ）の攻撃的なハーフポジションにいたはずの二人が、完全に下がってしまって、5バックのような状態にしてしまったことに尽きる。自分が取りたい場所でボールを奪い、そこからすぐさま攻撃へ転じる。対照的なポジションにいる選手はカバーポジションへと走る。そういうオートマチックな連携が、経験を積めば可能になってくると思う。

ザッケローニ監督は、2試合を終えた後に、「君たちの能力なら勝てた」と言った。

新しいトライはリスクを伴う。監督には「テストはできた」という充実感があったのではないか。

「攻撃的にやりたい」という意志も随所に感じる。ブラジルワールドカップのアジア予選では、相手国によっては、守備的に極端に引いてくるだろうと予測できるから、その準備なのかもしれないし、もっと先を見据えているのかもしれない。だが、2試合を経験した上で思うのは、この「3・4・3」を自分たちのモノにするには、もう少し時間が必要だということだ。そして、チャレンジしながら進化を形にしていかないと意味がない。

ザッケローニ監督は、チーム全体の方向性を考えている。現在、Jリーグで活躍している選手を積極的に代表メンバーに呼んでいるのには、きっと理由がある。2014年のブラジルワールドカップで、さらに上を目指すなら、海外でプレーしている選手だけでは限界がある。Jでやっている選手の底上げが不可欠だと考えているのだろう。海外組も国内組も同じ意識の高さを持たねばならない。そのためには何が必要なのかという先のビジョンを見据えているように思える。

システム論議は否定しない
形にこだわらず、どう対応、どう変化するかが重要である

日本のサポーターやメディアの方が、よく議論のテーマにするのがシステム論だ。日本人は、なぜか、そういう戦術論が大好きだ。戦術論を語り合う面白さは理解できるが、現場サイドからすると、システムという枠組みにはめられて議論されることを嫌う選手も多い。確かにシステムというものは、試合の中で変化していくもので、システムばかりを議論しても意味がないと言えば意味はない。

しかし、僕は頭からシステム論議を否定する気はない。チームとして「ファーストポジションがどこにあるのか」は、どう戦うかのコンセプトマップなのだ。それによって、どこにスペースができるか、どこで相手からボールを奪うのかなどのチーム戦術が決まってくる。

会社の営業戦略でもそうではないだろうか。営業は水もので、それこそ公式のようなマニュアルにはあてはまらないだろう。相手に応じて手を替え品を替え臨機応変に対処せねばならない。しかし、最初にこう売る、こう攻略するという基本的な営業指針は必要だろう。

ファーストポジションは、戦術の指針であるから、その配置は重要なのだ。しかし、

システムだけに縛られず、その中に個人の発想がどんどん加わっていい。例えば日本代表が取り組んでいる「3-4-3」のシステムでは、特にファーストポジションにこだわり続けることは、むしろチーム機能をストップさせる。サイドウィンガーの二人が、どこまで高い位置をキープし、どこでボールを奪うか。そして対称となるもう一人のウィンガーが、どう連動してケアをするか。3トップに配置されている左右の二人も形にこだわらず、アグレッシブに中へ絡んできてもいいと思う。

日本の基本システムは「4-2-3-1」で、まだ「3-4-3」はスタート段階である。ザッケローニ監督は、ベーシックにやろうとしていて、そこから先の変化の形を積極的にやろうとはしていないが、システムにこだわらず、選手が自分たちで、どう判断していくかが重要だろう。机上のシステム論議のようにはいかないのがサッカーだから、どう柔軟に対応、変化させていくかが、僕たちに突きつけられた課題だと思っている。

第6章　強い肉体をつくるためのマネジメント

40歳まで第一線でプレーできる肉体のつくり方

専門知識は専門家に聞く

自分にはない専門知識を持った信頼の置けるアドバイザーの存在は、個人の仕事の幅を広げてくれる。新しい発想を生み出すためのブレーンの存在は重要だ。

僕は、40歳まで第一線でプレーするという目標を掲げ、そこから逆算のマネジメントをスタートさせたが、それには、肉体のマネジメントが不可欠だった。

僕は、トータル・コンディショニング・トレーナーの酒井リズ智子さんと専属契約を交わし、その指導を受けている。リズさんは日米を拠点に活動されている方で、アメリカではメジャーリーグのチームのコンディショニングを担当したり、ドクターの経験もあるハイパーウーマン。元々は名古屋時代に、栄養や食事面の相談をしたことからつきあいが始まった。まだ21歳の頃だ。日本人のトレーナーの多くは、アメリカや欧州から新しいトレーニングの考え方や手法を持ちこんでくる。しかし、彼女は逆に、そういうものを踏まえた上で日本人の骨格、筋肉で外国人にどうすれば勝てるかというコンセプトに沿ってトレーニング方法を組み立てている。

数年前に彼女に教えてもらったエクササイズのメニューが、しばらく後になって日本代表のトレーニングで紹介されたこともあるほどだ。最先端の現場にいる人なので情報入手も早い。とても信頼を寄せている。

リズさんと出逢《であ》った21歳の頃から、僕は選手として40歳を超えるまで長くプレーしたいという希望を抱いていた。そのためには、どのような肉体づくりをすればいいのか。リズさんに相談し助言をもらいながらプランを立てた。ゴールは、選手寿命を延ばすことと、ワールドクラスのフィジカルを手にすること。それが肉体に関する逆算のマネジメントである。

重い負荷をかけた筋力トレーニングは25歳まで

マネジメントには、ステップというものがあると考えている。経験、スキルの習得度、その時点での許容ポテンシャルなどに合わせたマネジメントがある。入社すぐのフレッシュマンと、10年を超える中堅社員に同じマネジメント方法が適当でないのと共通している。簡単に言えば、「若い時だからこそやっておくべきことがある」という考え方である。

フィジカルのマネジメントで言えば、僕は、重い負荷をかけた筋力トレーニングは、25歳辺りまでしかできないという考え方を持っている。プロになって名古屋の2年目までは、午前中は筋トレに時間をかけ、午後はチーム練習というスケジュールをこなしていた、それも、相当、重い負荷をかけてトレーニングしていた。試合に出ていなかったこともあるが、試合の前日でも構わず重いのを挙げていた。本来、自分の長所はパワーであると思っていた。そこを生かさねばならないと、その部分のレベルアップばかりを考えていた。若い年代にコア（体幹）の部分を鍛え、まずはベースをつくる。ベースができ上がってから、徐々にバージョンアップしていこうというプランだった。

18歳でイタリアに行った時も、膝《ひざ》下の力が弱いとGKコーチのフルゴーニさんに言われた。膝を曲げないでジャンプする練習などで、膝下の筋肉強化を意識した。筋肉に瞬時の伸張を加えることで、筋肉をより強く収縮させるという運動で、これは「プライオメトリクストレーニング」と言われている。僕は今でも意識してメニューに加えている。

そういう重い負荷をかけたトレーニングは、25歳辺りが一つの区切りであると考えている。フィジカルが右肩上がりに成長するのは25歳までで、20代後半に入ると、どうしても筋肉の回復が遅くなる。そこで無理なトレーニングをすると、今度はゲームでのパフォーマンスに影響を与えるような疲労につながる。

長くプレーができている人は一体どこが違うのかを、僕なりに観察してきた。若い時からずっと変わらないスタイルでトレーニングを続けている人と、年齢と共に手法を変化させている人を比べてみると、意外に若い時からガンガンやっていなかった人の方が、年齢を重ねても、そう変わらないパフォーマンスを発揮している。

ベテランになっても、決してトレーニング量を落とすことなく続けていた選手の典型だったのが、アキさん（秋田豊）だ。アキさんは、熱血漢のように見られるが、実はとても理論派で栄養学やトレーニング論にも詳しかった。おそらく理由付けがあってトレーニングをされていたのだと思う。対照的に俊哉《としや》さん（藤田《ふじた》俊哉＝２０１１年に引退）は、そう激しくトレーニングをやるタイプではなく、初動負荷という方式のトレーニングに取り組み、関節の強化や柔軟性を意識していた。僕から見て俊哉さんのパフォーマンスは、年齢を経ても、そう変わらないように思えた。ポジションやプレースタイルの違いはあると思う。アキさんは36歳で引退され、俊哉さんは40歳までプレーされた。

それぞれに適したスタイルがある。決してアキさんのスタイルを否定しているわけではなく、僕は、俊哉さんの手法が自分に適していると分析して参考にした。

海外に目を向けると、もっと選手寿命は長い。外国人と日本人では体の根本的なつくりが違うけれど、パオロ・マルディーニ、アンジェロ・ペルッツィ、フィリッポ・インザーギは、40歳近くになっても年齢を感じさせぬプレーをしていた。しかし、日本人は、それくらいの年齢になると衰えが顕著に表面化する。外国人は選手寿命が長く、しかも高いレベルを長く維持できるのに、なぜ日本人は、カズさん（三浦知良《かずよし》＝横浜ＦＣ）が異例で、ほかにそういう例が少ないのか。僕は、きっと若い年代の頃からのトレーニングの方法に原因があると考えた。40歳でトップレベルを維持できる肉体づくりということをテーマに、リズさんとも議論を重ねて、25歳を区切りにトレーニング方法を転換させるという、一つの答えを出した。

無理の利く体

なかなか成果の見えにくい努力を続けるには、モチベーションの維持に苦労する。そういう時には、ごく短期のビジョンを描き、結果が明らかになりやすいような効果的なアプローチを試みる。すぐ目の前に為さねばならない目標があると、誰しも目の色は変わるものだ。

南アフリカのワールドカップ前に、リズさんと相談して背筋を強くしようと試みたのも、この年、海外でプレーすることを決めていたため「無理の利くような体」にしたいというテーマからだった。日本人のフィジカルで外国人と勝負するには、バランスだけでは通用しない。無理が利かないと通用しない。例えば、反応は間に合って伸ばした片手の指先にボールが当たっていても、ボールの勢いに負けてゴールに入ってしまうことがある。そこでボールを掻《か》き出すほどのパワーを指先に伝えることができれば、シュートを防ぐことができる。「無理が利くような体」とは、そういうレベルアップの意味だ。僕の背筋力は、日本人の中では強い方だろう。それでも外国人と比べると弱い部分がある。そこを強くしていこうと背筋のトレーニングを増やした。ただし背筋だけを鍛えるとバランスが狂うので、前と後ろ、同じ負荷のかけ方をした。

練習が終わってから、連日、30、40分くらい時間をかけてトレーニングを行った。試合の前の日以外は、毎日、そのトレーニングを行うのが、僕のルーティンワークである。

全体練習が終わったら毎日、トレーニングルームに入る。

その具体的な中身は、器具を使わず、自分の体重のみを使って行う自重トレと、チューブなど関節の動きを妨げない軽い負荷を使ったトレーニングがメインだ。バランスボールなどの自重運動を助ける道具は使うが、バーベルやトレーニングマシン類は基本的には使わない。

意識する部位は、腹筋、背筋、全身、臀《でん》部、腿《もも》前、腿裏に、分かれるが、他の部分の強化をしながらも常に背筋と連携させていくというメニュー。例えば、その場に片足で立つ。上げた足を後ろに伸ばしてバランスをとりながら上半身を回旋する。そういう静止運動の中でも自重を使い背筋を鍛えることができる。一種、ヨガ的な動きだ。肉体のメカニズムを知った上で、あらゆる角度から筋肉の強化にアプローチするのである。

外国人に対する体格コンプレックスを捨てる

みせかけの筋肉は必要ない

中身がなければ格好をつけてもしょうがない。みせかけよりも実を取る。それが僕のスタイルである。見栄をマネジメントしていては元も子もない。

大宮入団1年目にイタリアへ留学した時、パルマのユース世代の選手、つまり高校生が、重い負荷でガンガンにウエートトレをこなしているのを見て驚いた。スクワットで200キロ、ベンチプレスで軽く100キロを挙げている。当時の僕は確かベンチプレスで60キロがやっとというレベルだった。

「この人たちは、僕と同じ人間なんだろうか」

スケールの違うフィジカルを目の当たりにして、真剣にそう思った。

そして同時に「僕もやらねば」と刺激を受け、トレーニングに対する意欲をかき立てられた。18、19歳の頃の僕は、周囲が「将来アフリカ人になるつもりか」と冗談を飛ばすほど、身体能力を伸ばすことを最優先に考えて、猛烈にトレーニングしていた。

しかし、トレーニングについての知識を得ると、「何キロ挙げたか」という数字は、まったく無意味であることがわかった。今もまったくこだわっていない。何キロ挙げるよりも、大事なのは、実際のパフォーマンスを向上させるために、肉体をどうレベルアップするかということだ。だからベンチプレスなどのトレーニングはやらない。その種の筋トレは禁止である。ベンチプレスで胸の付近に筋肉をつけると見栄えはいいが、肩が動かなくなる。肩の可動域が狭くなる筋トレは、キーパーにとってタブーなのである。現日本代表のGKコーチであるマウリさんは、かつて指導していたアンジェロ・ペルッツィがパワートレーニングを過度にやり過ぎて失敗したと言っていた。おそらく、こういう可動域が狭くなる筋トレを行っていたのではないかと推測する。

確かに外国人は体格や骨格が違っていて「そんなのできるの？」という驚異の身体能力を発揮するプレイヤーも少なくない。しかし、日本人だからというコンプレックスは持つ必要はない。僕は、実際、ベルギーで1年間プレーしたが、日本人のフィジカルの不利さは感じない。ロッカールームには、筋肉モリモリのプレイヤーが何人もいるが、みせかけの筋肉と、パフォーマンスは別物だ。

基本的にマシンを使ったトレーニングはしないが、一つだけ例外がある。リズさんの乃木坂のジムに設置してある「キネシス」という特殊なマシンは、ケーブルを利用した可変抵抗テクノロジーと呼ばれる独自のシステムを採用することで、エクササイズ中の様々な動きに応じて負荷を増減することができる。一方向だけの運動ではなく、連動して立体的な3Dの動きができる画期的なマシンで、F1ドライバーやセリエAの選手が利用しているとも聞く。通常のマシンだと筋肉の動きが部分的で制限されてしまうので、関節に負担がかかり実際のキーパーの動きに必要な筋肉を鍛えることには直結しない。

このマシンでは実際の動きに近いトレーニングが可能なので、機会があれば、この器具を使っている。

日本代表選手は、誰もが独自のトレーニング論を持っている。僕はトレーニングの話が大好きだから、他の選手がどんなことをやっているのかについても興味津々であるが、議論の段階で止めている。自分も、その方法を取り入れようというところまで深追いはしない。トレーニングには必ず、人それぞれに合う合わないの相性があるというのが、僕の持論。僕には、リズさんと一緒に組み立てた今のスタイルが合っているのだ。

高1では垂直跳びが48センチ

すべてのフィジカルの強さをネイティブに持っていたものではない。高校1年の時の体力測定で、垂直跳びは48センチしか跳べなかった。骨格はガッシリとしていた。筋力も他の高校生の平均に比べてあった方だと思う。だが、キーパーにとって命綱とも言えるジャンプ力が驚くほどなかった。

体育館に張り出してあった全国の高校生の平均値が確か50センチだった。サッカー部のキーパーが、さすがに一般生徒の平均値にも満たない48センチでは先生に怒られると思った。「これはやばい」と焦った僕は「お願いだから50にしておいてくれ」と、計測係の友達にお願いして書き換えてもらった。

ショッキングな数値を突きつけられ、僕はジャンプのトレーニングを自主トレのメニューに積極的に加え、跳躍力を伸ばすことをテーマの一つにした。しかし、実践のキーパーの動きに必要なものは垂直跳びのジャンプ力ではない。今は、そういう肉体のメカニズムがわかっているから、そこまで気にしないが、当時はまだ高校生。垂直跳びイコール、キーパーの能力に直結するというイメージがあって「48センチはまずいだろう」と悩んだ。

中学1年では身長は163センチしかなかった。中学3年になる頃には180センチを超えた。3年間で20センチ弱ほど伸びたことになる。兄の崇史《たかし》が183センチ、姉の章代《あきよ》も173センチある。父も骨格はごつくて、母も背が高く、少しバレーボールをしていた。そういう一家のDNAもあったのだろう。身体の成長が、基礎体力を伸ばすことにつながり、キック力も飛躍的に伸びた。中学3年になるとフォワードの選手にダイレクトでフィードができるまでになっていた。

この年代に体が急激に成長すると、時折、骨の成長が追いつかずに膝や関節部分に異常をきたす。周囲の友達は「オスグッド（成長痛）」などの現象に苦しんでいたが、幸い僕には起こらなかった。生まれた時は3600グラム。そんなに大きかったわけではない。姉は4000グラムを超える大物だったらしいが、僕は、そうでもなかった。しかし、これは、今でも思うのだが、本当に頑丈な体に産んでくれた両親に感謝している。幸いにして、これまで入院するような怪我も大病も患ったことはない。

栄養学に目覚めた高校時代

食べたものが体をつくる

理想の肉体をマネジメントするために、あくまでもトレーニングは、その一つの手段にすぎない。肉体の強化は、栄養、トレーニング、休養の3原則から成る。ビジネスシーンにおいての目標達成へのアプローチも一つの手段だけではないだろう。

例えば、売れる商品を作るためには、品質を高めるだけでなく、マーケット調査をした上でのプロモーション戦略まで多角的、複合的な条件が揃わねばならない。強い肉体をつくるためには、栄養という座学も重要だった。

栄養について知識を得て、真剣に取り組んだのは、その浦和東高の頃だ。

栄養面では、野崎先生が保護者向けに研修会を開き、ベーシックな栄養バランスのための文献や資料を渡していた。それを参考に、試合前は、直接的なエネルギーの素《もと》となるパスタなどの炭水化物をたくさん体内に蓄えられるようにする「カーボローディング」などの食事方法も試していた。

また、当時、学校近くにある「大門《だいもん》接骨院」の鵜澤正典《うざわまさのり》先生にも、体のケアだけでな

theory
theory

く筋肉のメカニズムからトレーニングの仕方、栄養面、食事、メンタルトレーニングの方法などについて総合的に教えてもらっていた。

繰り返すが、強靭《きょうじん》な肉体をつくるためには、栄養、トレーニング、休養の3原則である。特に、16歳から18歳という高校時代に食事がいかに大切であるかを教わり、僕は、その重要性を自覚して、親の協力を得てストイックなまでに栄養管理を始めた。

まず、保存料など人工添加物の多い冷凍食品は全面禁止とした。それは当時から変わらず今でも食べない。自然のものから栄養を摂りたいという考え方だ。食べた物が体をつくる。自然の栄養素から体をつくった方がいいに決まっている。今も基本的には、その食に対するポリシーは変わらない。また、余分な脂分を摂らないように揚げ物も全面禁止にした。5人家族の我が家では、それが安易なメニューだったのかどうかわからないが、トンカツや鶏の唐揚げのような揚げ物、フライ物の夕食メニューがやたら多かったのである。

僕は、母親に、「弁当に冷凍食品入れないで」「揚げ物入れないで」と注文をつけた。

母は、その無理難題を受け入れ協力してくれた。自宅の食事メニューも大きく変わった。鶏の唐揚げにしても、衣は付けるけれど、油で揚げずにオーブンで焼くなど調理方法を工夫してくれた。遠征先の夕食に縁起担ぎのトンカツが出ても、僕は、その油で揚げた衣を食べ残した。徹底的にストイシズムを貫いた。

学校には弁当にプラスして、大きなおにぎりを4個か5個ぐらいは持っていった。おにぎりは、間食として食べていた。練習でエネルギーを大量に消費するから、そこを補う「補食」。筋肉も含めた体づくりの手助けである。

学校に行く前には、必ず朝食を食べ、朝練をした後、授業がスタートして、1時間目か、2時間目が終わった後の休み時間にまずおにぎりを1個食べる。昼には、お弁当。練習前に、おにぎりをまた1個。全体練習が終わった後に居残りの自主練をしたら、また、おにぎりを1、2個食べる。そして帰宅してからは夕食を作ってもらう。そういう食生活を母親のサポートのおかげで3年間続けることができた。

高校時代に身長は180センチを超えたが、さらに大きくなりたいと、毎食、1リットルくらい牛乳も飲んでいた。牛乳＝身長伸びる説の真偽は定かではないが、とにかく高校3年間の食生活は、頑丈な肉体の基礎づくりを助けたと思う。

栄養学についての勉強は、継続的に続けている。その後も、日本の栄養士が書いた本は何冊も読んだが、同時に海外の栄養士が書いた文献にも目を通した。基本的に日本食は健康的だし、バランスが取れた食事だと思う。しかし、それぞれの国に食の文化がある中で、日本の栄養学だけに偏るのではなく、違う国の人が書いたものを読むことで、また違う知識が入ってくるのは面白かったし、勉強になった。例えば、日本では朝食から基本的にバランスを意識するが、外国の本では、朝は消化のいい炭水化物を摂って血糖値を上げることが目的だったりする。

僕には、ほとんど好き嫌いはないが、セロリだけが苦手だ。日本の栄養学は、おおまかに言うと「栄養価の高いものを食べないとダメですよ」という考えだが、実のところ、栄養価の高いものを食べなくともサプリメントや他の食材でいくらでも補える。その感覚が日本の栄養学にはあまりない。言い訳ではないが、セロリが苦手でも他のもので必要な栄養は補える。現在、僕はサプリメントも有効に活用しているが、基本的にサプリメントは必要な時に必要なものだけ摂る。あくまで食事でしっかり補うことが大切である。

自炊のススメ

自分の体は自分でつくる

僕と同じように一人暮らしの境遇にある読者の皆さんには、ぜひ自炊をススメたい。健康を維持することに直結するし、気分転換にもなる。野菜や肉の値段を知ることができ、社会性まで身につく。経済的でもあるだろう。

今では、わかりやすい料理本もあるし、ネット上でも親切な料理法が紹介されていて、そう料理の得意不得意もなく美味《おい》しいディナーが作れるだろう。

大宮に入団して最初は寮暮らしだったので、食事の心配はなかったが、その後、一人暮らしを始めてからは、自分で料理をするようになった。本やネットなどで調理方法を調べながらの自炊である。時折、わからないことがあれば、母親に電話して調理法を聞いたこともあった。そう凝ったものは作らないが、栄養のバランスを考えて作るようにしている。外食の際にもできる限り栄養バランスに気を配っている。

僕が料理するベルギーでの基本的なメニューはご飯と味噌《みそ》汁。サラダとメインディッシュに、もう一品。メインディッシュは、やはり肉類が多く、たまに魚。魚は、スーパーによって売っているところと売っていないところがある。お米は、日本食材店に行けば日本産の米が売っているので困らない。

この本には、得意料理も書いておいて欲しいと担当者から頼まれた。豚キムチが得意だったが、美味しいキムチがなかなかベルギーでは見つからないのが残念だ。パスタも定番メニュー。ソースは、ホールのトマトから作る本格派だ。ソースにはこだわることが多く、肉料理の場合も、ステーキに合うソースをマッシュルームから作ったりもする。

外国は日本と肉の種類が違うから、どうすれば和風にアレンジできるかと工夫して調理することは結構楽しい。料理は気分転換にもなる。スーパーで買い物をする習慣があれば、プロのスポーツ選手がついつい疎くなりがちな物価などの社会性を身につけることにもつながる。

体脂肪は数字にまどわされない

健康志向の高まりに伴い、体脂肪を気にかける人が増えている。体脂肪は、メタボを防止するためのバロメーターの一つになっている。しかし、僕の場合、気にかけるのは数字ではなく、あくまでも感覚の部分だ。

僕の体脂肪は、現在10％くらいか。多くはないが、それほど少なくもない。フィールドプレイヤーは走るので運動量が多くなり、必然的に体脂肪率は低い。ユウト（長友）は5％か6％だとも聞くが、僕はそこまで体脂肪率へのこだわりはない。優秀な体脂肪計が、市販されていて、それは体脂肪率を知る上でのバロメーターとしてはいいのかもしれないが、決して正確な数値だとは言えないだろう。

ゆえに、そういう数字を意識していても意味がないと思っている。体脂肪率が15％にでもなれば問題だが、僕らは外国人相手に当たり負けない肉体をつくっておかねばならないので、体脂肪率は問題ではない。

ヨーロッパでは、お腹がぼよんぼよんと出た選手も少なくない。

僕もベルギーに行って体重が増えた。開幕当初は80キロだったが、ハイボールの処理などで空中で接触して当たった時に、少し弱さを感じた。日本では、相手選手はキーパーチャージを取られることに注意しているのであまりぶつかってこないが、ベルギーでは、おかまいなしにガンガン当たってくる。体重が軽いと、ついつい押し込まれてしまい、当たり負けしているような感覚に陥る。ドンとした重さがないと物足りない。それで、1、2キロ体重を増やした。

体脂肪率が低いから動けるかと言えば、そうではない。体脂肪があった方が怪我防止にも役立つこともある。

逆に、絞り過ぎると筋肉に負担がかかっていると感じることがある。それは、あくまでも感覚的なものだが、絞り過ぎたと感じた時は、あえて食事の面で揚げ物などの食品を摂取したり食事量を多くしたりしながら、体脂肪を増やす。食事で調整してみるのだ。

2014年型の肉体改造プラン

グローバルな情報戦に勝つ

これは企業戦士にも同じことが言えると思うが、いかに世界最先端の情報を先取りしてライバルより一歩先を行くかは、勝敗を左右するもう一つの戦いである。最先端のトレンドを奪い合う情報戦争はサッカー界にもある。

岡田前代表監督は、世界レベルに当たり負けしないフィジカルをつくるというコンセプトの下、チームとして体幹（コア）トレーニングというものを取り入れていた。代表を離れてもトレーニングを個人レベルで継続できるように作成された指導DVDも渡された。その中身は、僕が契約しているトータル・コンディショニング・トレーナーのリズさんに教えてもらっていたトレーニングと、ほぼ同じ内容だった。体幹トレーニングはヨーロッパでも一つの流行になっている。リールセでもトレーニングのメニューに入ってきているくらいだ。世界と同じことをやっていては勝てない。あくまでも個人的な見解だが、体幹を鍛えて、一つの成果を出せたのならば、その次の段階があると思っている。

僕が次の段階のプランとして考えているのが、パーツを鍛えるというコンセプトだ。計画的に肉体のベースをつくり、体の芯《しん》を鍛え、ある程度、しっかりとした背筋をつくれたという手応《てごた》えはある。確実にトレーニングの成果は出ている。今後は、体の芯を強くする作業は継続しながら、同時にパーツ、パーツを強くしたい。芯の部分がしっかりとできていない状態で、パーツの強化をやると故障を誘発するなどの危険な面もあるが、芯の部分に不安がなければパーツ強化にも問題はないと考えている。

海外の選手も、先を考えて新たなトレーニング技術を身につけようと努力していることを意識しておかねばならない。自分に何が足りないかを考えることが大事なのだ。足りない何かを発見したならば、そこに立ち止まらず、一歩踏み出すべきだ。常に世界の先へ先へ行く努力を続けなければ、日本人は欧米人に比べ、どうしてもハンディとなるフィジカルの差を埋めることはできないと思う。それには、まず情報戦争に勝っておかなければならない。

フィジカル的に日本人のパワーは見劣りするのかもしれない。だが、勝る部分はある。俊敏性が長所だろう。日本人は細かい動きが可能で、スピードは確実に欧州のフィールドの中でも際立つ。世界一となったなでしこJAPANは、見事に日本人の長所を戦術に落とし込んだ。これらの日本人のフィジカルの特徴はキーパーにも重ねることができる。

飛び出しや瞬発系の動きは、外国人のようにパワーがあると、バンとスピードを持って出ることができる。この部分は敵わないが、それは俊敏さとは別のもので、日本人には細かいステップを踏んでの対応力がある。例えば、逆方向に動く際にも、外国人は一回の踏み込みで動くが、日本人は、パパッと細かいサイドステップを刻んで逆方向に動く。それぞれに善し悪しはあるだろう。しかし、日本人の細かい対応能力は、外国人のGKにはないものだ。

イタリアを何度か訪れ、ベルギーで1年間プレーしたが、200キロのスクワットを挙げることができずともパワーがないとは思わなかった。そこに日本人の持つ敏捷性《びんしょう》などのキメの細かさが加われば、彼らにフィジカルでも十二分に勝つチャンスがあるのではないかと思う。

国際社会において、ビジネスもグローバル化している。市場を海外に求める企業が増加している。しかし、そこでもコンプレックスは持たないで欲しい。メイドインJAPANの長所と誇りを前面に押し出せばいい。

第7章　ハッピーな人生を送るためのマネジメント

24時間をマネジメントする

自分を解放する日をつくる

一日は24時間。限られた時間だ。

時間のマネジメントは非常に重要である。他人と同じことをしていて望みがかなうと考えてはいけない。アメリカの大統領でも世界一の金持ちでも、僕たちでも、一日は24時間しかない。与えられている時間は平等だが、その使い方で歴然とした差がつく。それを50時間にできる人もいれば、1時間にしてしまう人もいる。毎日、短時間でも知識をインプットしていけば1年で驚くほどの差がつく。

僕は、まずはアスリートとしてコンディションを維持するために大切な睡眠時間を確保する。7時間から8時間。そして、残りの16から17時間の活動時間をマネジメントするわけだが、次に優先されるのが、トレーニングの時間。南アフリカのワールドカップでは、僕が自室でトレーニングしていると噂になったらしい。いつも食事に行く時間が遅れていて、汗をかいていたから、チームメイトにバレた。それも自分のための時間である。残った時間をどう効率よく使うかが問題で、可能な限り自分のためになるように時間を使えたらいいと思っている。

こう書くと厳格でストイックなイメージを思い描かれるかもしれないが、あえてマネジメントしない24時間もある。それはオフの日だ。

毎日、朝と夜に体重をチェックするようにしているが、オフには体重計にも乗らない。普段は栄養面も含めて食事にも気を遣うが、オフには好きなものを食べる。あえて、いつものライフサイクルから抜け出すストレスオフの日をつくるのである。

僕は、いろんなところに行くのが好きで、オフの日には違う街に遊びにいくことも少なくない。その土地、その土地の名産や名物を食べたり、楽しんだりしている。そういう楽しみをオフの時間に持つこともオンの時間を充実させる秘訣《ひけつ》だ。

そして、その日が過ぎれば、次の日からもう一度、スイッチをオンにする。日本では考えられないのだが、ベルギーでは、基本的に土曜日が試合で、日曜日がオフ。オフの日は、時間や生活をマネジメントせずに、あえて自分を解放してやるのである。シーズン中は、完全にオフというわけにはいかず、それほど大きく羽目は外せないが、サッカーのことは考えないで、趣味などに時間を費やすことでリラックスする。

できるビジネスマンは、オフの過ごし方もうまいと言うが、要するに時間の効率的な使い方ができているのだろう。多忙なサラリーマンの方々も、思い切って、24時間完全ストレスオフの時間をつくってみてはいかがだろうか。

世界各地を旅して

異文化に身を投じると違う世界観が開ける

さて、オフの趣味は？　と聞かれれば、旅行と音楽と答えるのが正しいのかもしれない。

まとまった休みが取れた時は、世界中を闊歩《かっぽ》してきた。2011年の6月も、ベルギーのシーズンが終わり日本に帰国する1週間前にスペインのマジョルカに行った。高級リゾートの島でのんびりと1週間を過ごした。海外での初めての激動とも言えるシーズンを終え、もう何もする気が起きなかったから、ひたすらホテルのプールサイドでぼけっとしていた。心の日光浴である。ドバイも候補地のひとつだったが、日程の関係上、ヨーロッパ圏外は難しく、天候などをチェックしていたらマジョルカがピピッときた。スペインリーグのマジョルカでプレーしている家長昭博《いえながあきひろ》もいるので会って食事をした。

ヨーロッパは、いわば国境なき大陸である。休みの日に天気が良ければ違う国に足を運んだりしている。ドライブもするし、パリまではヨーロッパ版の新幹線で、たった2時間ほどの旅だ。日本人選手が多く集まっているドイツのデュッセルドルフでは、みんなが集合して食事会をした。2時間ほどのドライブ。面白いのは、ハンドルを握るに連れ、カーラジオから流れるラジオ放送が、フラマン語の局からからオランダ語の局となり、ドイツ語の局へと変化していくことだ。当然、かかる音楽も変わってくる。

日本には外国の文化が多く入ってきているが、直接、その文化に触れる機会は少ない。ヨーロッパでは車でたった2時間という短い距離の中で文化が様々に変化する。異種文化が隣同士に割拠しているのだ。自分の価値観を広げるために、今まで自分が感じていたことのない異文化に身を投じて、それを感じることで違う世界観が広がる。考え方も柔軟になると思う。だから旅に魅了される。

珍しい場所では、大宮時代にチームの先輩と、中南米のパナマへ行ったことがある。19歳の時だ。そこでは貴重な経験をした。太平洋と大西洋を結び、政治的にも重要な位置を占める世界三大運河の一つ、パナマ運河を開けたのである。水位を調整して船を行き来させる閘門《こうもん》式といわれる仕組みなのだが、たまたま、友人の父親が、パナマ運河で働いていて、特別にガシャッと運河を開けるチャンスをもらった。１９９９年の末に管理権がアメリカからパナマに完全返還されて以降は観光化がかなり進んではいるが、「僕がパナマ運河開けちゃっていいの？」というような感覚だった。

日本語の観光用のパンフレットも用意されていて、運河クルーズや、開く様子を見学するコースはあるが、開ける経験をした人はめったにいないらしい。とても貴重な経験をさせてもらった。

このパナマ運河を開けた思い出には、一つ笑い話があって、実は一緒に行った先輩は、

「パナマ運河ってなんだよ。ビーチ行こうよ、ビーチ」と、その歴史的意味を知らなかった。その先輩は、帰国してからパナマ運河がどういうものかを調べたらしくて、「俺はパナマ運河を開けたんだ」と周囲に自慢し始めた。後になって「行って良かったでしょ」と僕らは笑った。

パナマでは、サッカーも見たしコロンという地区にも足を運んだ。半壊しているようなアパートにも人が住んでいた。友達が一緒にいなければ、かなり危険だったと思うが、そういう国や都市の表裏を含めて、実際に自分の目で見ると、それは強烈な衝撃となって、僕の心を掻《か》き回し、やがて、それが様々な価値観になって広がっていくのがわかる。パナマはスペイン語圏。その時も付け焼き刃的だが、簡単な語学を勉強してから旅に出た。

語学力に加えて性格的な問題から海外での生活に順応できない人も少なくない。それがピッチにも影響を及ぼし、実力を存分に出せない選手もいる。僕は海外への順応力はあるかないかと言われればある方だろう。異文化への適応には語学は最強のツールだが、それ以外に順応できるための条件を挙げるとすれば、一つは、今自分の持っている考えやスタイルに固執しないようにすることではないだろうか。郷に入っては郷に従えとは、よく言ったものだ。信念は、ぶれてはいけないが、いろんなことに興味、好奇心を持ってみることで、その国や人が好きになったりする。

自分の殻に閉じこもらずに好奇心を持って行動する。お互いの良さを知ることで自分の良さにも気付くし、相手の良さも理解できる。物事の一面しか知らないと、結局、それがどのぐらいの価値のものかもわからない。多種多様なものを見ることで、自分が持っている長所や周りの人が持っている良さに気がつく。価値観の多様性が生まれるきっかけになる。

長谷部誠の姿勢に学ぶ

自分にないものを持つ友は、自らを向上させてくれる

友や仲間、家族とは何だろう。胸襟を開くことのできる人々はハッピーな人生を送る上でかけがえのない心の拠《よ》り所である。人生のサポーターと表現してもいい。そういう人々に支えられていなければ、逆算のマネジメントなどは、単なる空論で終わる。

日本代表メンバーでは、マコ（長谷部誠《はせべまこと》＝ニュルンベルク）、アット（内田《うちだ》篤人《あつと》＝シャルケ）、松井君（松井大輔）、マヤ（吉田麻也）らと仲良くしている。僕は、基本的に嫌いな人がいない。社交性が高いのだろうか。人づきあいも悪い方ではない。年下であろうが、年上であろうがリスペクトしている。それぞれに個性があって、それぞれの舞台で頑張っている。

マコは、学年で言えば、僕より一つ下なのだが、物事を良く考えていて、僕の持っていない角度で物事を捉《とら》えることができる知性溢《あふ》れた人物だ。時折、「こういう考え方があるのか。なるほどなあ」と感心させられる。

僕は周りの事をあまり考えないで、どんどん突き進んでいく猪突《ちょとつ》猛進タイプ。しかし、マコは常に周辺に目配りができ、視野が広く、思考がスマートである。

未曾有《みぞう》の震災が、東北地方で起きた時、僕とマコは、毎日のように「海外組で何かできることはないだろうか」と意見交換をしていた。

あの時、二人は、「チャリティマッチをやりたい」という話をしていた。海外組と世界のトップスターを集めたチームとの試合をイメージしていた。何もコネクションがあるわけではなかったが、僕は、なりふり構わず、「メッシの代理人やマネジメントを調べて当たってみよう。世界中のスター選手に直接協力をお願いしてみよう」とストレートに突き進もうとした。一方マコは「広告代理店などのイベントのプロを間に挟んでいかないと成り立たないのではないか」と現実的な意見を言う。結局、この海外組のチャリティマッチは、被災地を訪問してサッカー教室を開くという形に変わって実現することになったのだが、その時もマコは冷静に、現地の人々の迷惑を考えて、こんな意見を出した。

「僕らが行くのにメディアを引き連れて行くのはやめよう。被災地に迷惑がかかるし、被災された方々も気持ちよくないと思う。取材は仕方ないが、訪問場所から離れたところで受けるなど考えよう」

僕は、そういう細かいところまでの気配りがあまりできていない。こういう彼の几帳《きちょう》面《めん》な配慮を目の当たりにすると、友達でありながら、心から敬意を払いたくなる。

とはいえ、真面目キャラだけが立ってしまったことに本人も違和感を持っているようだ。実際、ここには書き残せないような目茶苦茶砕けた一面も持っている。

僕のような情熱タイプと、その情熱をうまく事務処理できるタイプのマコでは、性格がまるっきり違うから気が合うのかもしれない。自分にないものを持っている友との時間は居心地がいい。そういう友は、自分を向上させてくれる存在でもある。

自分の道に生きる

ユウト（長友佑都）は、苦労したストーリーをたどってセリエAのインテルでプレーしている。正真正銘のビッグクラブでレギュラーを張っているのは、日本サッカー界にとっての歴史的な快挙だろう。

2011年4月、チャンピオンズリーグのベスト8でユウトが所属するインテルとアツト（内田篤人）が所属するシャルケの対戦が実現した。二人は共にスタメン起用され、直接、激しくマッチアップした。夢のような対決である。しかし正直なところ、僕は「いつか自分もここでプレーできればいい」という思いでは見ていない。いや、正しくは、見ようとはしていない。ユウトにはユウトの道があり、彼のタイミングがそこにある。そして、僕には僕の道がある。

ゴールキーパーという欧州で日本人がまったく市民権を得るに至っていないポジションで、どう評価され、どう切磋琢磨《せっさたくま》を行わねばならないか。フィールドプレイヤーと置かれた立場もまったく違うから、同じ土俵で夢は語れない。

世界最高峰のクラブが激突するチャンピオンズリーグが、どういう舞台なのかに興味はある。選手がどういう心理状態でプレーしているのかは知りたいが、そういう好奇心と、自分が刺激を受けるかどうかということは別問題なのだ。僕の流儀として、そういう憧《あこが》れは口にしない。人は人。自分は自分の道に生きたい。

そのクラブサッカーでの世界最高峰と言っていい舞台、チャンピオンズリーグで実現したユウト vs アツトの日本人初の夢対決に、日本のメディアは大騒ぎしていたそうだが、こういう対決も、そのうち〝いつものこと〟〝日常の出来事〟になっていけばいい。日本人の選手が、インテルのようなビッグクラブでやるのも当たり前になり、そしてチャンピオンズリーグへの日本人の出場も珍しくなくなる時代が来るのが、理想だ。アツトも同じことを言っていたが、そのうちチャンピオンズリーグの決勝戦に出る選手も出てくるだろう。

もう「日本人初」という領域が、ヨーロッパになくなってしまうほど、海外でプレーすることが日常になってくれれば、必然的に日本のレベルも上がっていく。それぞれの選手が自分の道で努力を重ねることが、そういう日常に変わっていくんだと思う。

海外で成功するための新しいスタンダード

若い世代からこそ学ぶものがある

若い世代からこそ学ぶものがある。そういうリスペクトの気持ちをいつも胸に抱いておくことが、自らを向上させるためにも重要な心構えだと思っている。若さという個性を認めるのだ。

僕は、代表の中では、ヤットさん（遠藤保仁）に次いで年齢的には上の部類に入る。

２０１１年アジアカップのスタメンの平均年齢は25歳だった。チームの中の雰囲気も、若さと元気で賑《にぎ》やかになった。その一方で、僕の世代から見て本当に凄《すご》いと思った人たちがいなくなってしまった。今のチームを引っ張っているのは、マコであり、本田であり、誰か一人が中心になってまとめているわけではない。そう言った意味では僕らが、抜けたベテランの人たちが担ってきた役割を継いでいかねばならないのかもしれないと思っている。

若い世代を「下の世代は、本当によく喋《しゃべ》るな。元気だな」と思って見ているが、世代間ギャップは、そう感じてはいない。僕は年齢は気にしないタイプで、逆に言えば、若い選手は一見、芯《しん》がなさそうで、実は強かったりするので感心させられることも少なくない。クールに見えたアット（内田篤人）とは、くだらないギャグの応酬をしたりしていて、すぐに仲良くなった。五つ年下だが、見ていて面白い男だ。

精神的には弱そうに見える。しかし、小さいことを気にしない。20歳で代表の定位置を奪い、鹿島アントラーズでも、レギュラーを張ってきた。若い頃から、大きなプレッシャーの中でプレーしていたから、ぶれない骨太の信念を持っている。南アフリカのワールドカップでは、僕とは正反対に直前でレギュラーから外れる形になったが、オカ（岡崎慎司）と一緒に行動しながら、そういう悔しさをできる限り考えないようにしているのが読み取れた。ワールドカップ後にドイツのシャルケに移籍。本当に逞《たくま》しくなったと感じる。彼は、ほとんどドイツ語が喋れないが、わからないところは今までまったく喋ることのできなかった英語でカバーしている。「サッカーをやるんだから大切なのはサッカー」というぐらいの考えを持っている。

本田は語学が達者だが、今ヨーロッパで活躍している若い選手のほとんどが、アットと同じように「言葉が喋れなくてもサッカーのスキルをアップさせたい」と考えているようで、環境に左右されない逞しいポテンシャルを持っている。

海外で成功するためには語学の習得は必須《ひっす》だと考えて、僕は10代の頃から時間を見つけては勉強してきた。語学の勉強が面白かったから、好奇心も手伝って、どんどん吸収できたという面もある。しかし、彼らからすると、海外進出のための下地など関係ない。そこには、「語学が堪能でなければ受け入れてもらえないだろう」というネガティブな発想はないのだ。本当に逞しい。若さの特権というか、彼らは、日本人が海外で成功するための新しいスタンダードを作ろうとしている。

本田圭佑とは、チームの戦術や雰囲気などについて意見交換する機会が多い。

彼とは、名古屋時代にチームメイトだったことがある。星稜《せいりょう》高校の時に、練習生として練習に合流していたのも覚えている。彼も2014年のブラジルワールドカップの目標から逆算して、今、何が必要なのかを考えている。2014年にブラジルでベスト8以上の結果を出すために、今の段階でやるべきことは何なのか。最低ラインとして、どんな試合であっても勝ちにこだわっていかねばならないが、その結果だけに満足していてはならない。本田と議論していて、そういうコンセンサスの部分では、意見が合うし、逆算してマネジメントするという考え方も似ていると思う。

本田は本田のスタイルを貫けばいいと思う。彼には、「ロシアではなく、もっと違うリーグでやってもらいたい」という話をした。これは、本田自身が一番、切実に考えていることだと思う。彼も僕が目指している地点がどこにあるのかを知っている。キーパーが、他のポジションと違って海外での移籍が簡単ではないという事情についても理解してくれている。

年齢の隔たりなく、僕は、日本代表や同じ海外でつきあいのある仲間が好きだし、そんな彼らをリスペクトしている。そして彼らから知らされることも多い。

会社やチームという集団社会においての人間関係は複雑だろうが、心のどこかに、それぞれの個性を認め、リスペクトする気持ちを持っておくことが、潤滑油のような役割を果たすのではないだろうか。

メディア対応のセルフマネジメント

インタビュー対応の中で決めているルール

日本では、時折、不祥事を起こした企業の記者会見のやり方が問題になる。記者会見は一般ユーザーに向かって行われるオープンなものだから、その釈明の仕方が不誠実と受け取られるような応対があれば、バッシングが起き、時に社会現象にまでつながる。ブログでの発言が炎上してしまうケースも珍しくない。

メディアはマネジメントできないが、対応方法はマネジメントできる。僕のメディア対応についての考え方を書いてみる。

インタビューは嫌いではない。言葉数も多い方で、決してインタビュアー泣かせのタイプではないと勝手に思っている。おかしな話かもしれないが、インタビュー中にだんだんと自分の考えが整理されてきて「そうか自分には、こういう考えがあるのか」と気付くこともある。だから、良質のインタビューでの問答は、僕にとっても意義深いものだ。考えを言葉に変える作業は、人間力をアップさせる。

試合後のミックスゾーンでは、メディアに対して、できる限り思ったことを素直に話すように心がけている。ベルギーのリールセの入団会見では、通訳を使わないと決めていたので、オランダ語、英語でどうコメントするかを事前に用意していた。

「アンビション（野心）」という言葉をキーワードに「大きなアンビションのあるチームだからこそ選んだ。僕もアンビションを持ってプレーしたい」とコメントした。

南アフリカのワールドカップでは、海外メディアの取材も何度か受けたが、言葉の問題もあって「後でこう言えば良かった」ということが多く、海外メディアに関しては質問をある程度予測して英語の答えを用意しておいたりもする。だが、たいていの場合、考えは整理するが、何を喋ろうかという細かいコメントまでは準備せず、直感で自分の言葉で話している。

記者やライターの方々には、誰に対してもフラットでいたいと考えている。特別仲のいい人や、逆にそうじゃない人。そんな分け隔てなく公平に接したい。

また、僕の記憶が確かならば（もしかすれば、失礼があったかもしれないが）、これまで報道陣の問いかけを無視して立ち去ったことはないと思う。記者の方の向こう側にはサポーターや応援している方々がいるわけだから、メディアを無視することは応援していただいている方々を無視するのと同じ行為になる。だが、「今日は、喋ることがありません」と言ってコメントを避けることはある。

どんな試合であっても僕はロッカールームを出る時点では、気持ちを切り替え、考えを整理しているつもりだ。しかし血液型は0で、涙もろく、感情的になりやすい性格。感情をコントロールできず、興奮状態のまま、ロッカールームを出る時もある。そういう状態の時は、なかなかコメントができない。感情の赴くまま言葉を発するのは好きではない。いっそ、それならば沈黙していた方がいい。

特に僕の仕事がなかった試合では喋り辛《づら》い。試合に出ていない。あるいは出してもらっても、頑張ったのは他の選手で、僕がしゃしゃり出ることが迷惑になる時もある。そういうパターンの試合後も「すみません。今日は何もありません」となってしまう。

取材の応対には、いくつかの僕なりの「インタビュールール」を決めている。

① チームの批判をしないこと。
どんなに状況が悪くても不平不満があっても自分のチームなのだ。そこでチーム批判をすることは、天に唾《つば》する行為。結局、チームに対して誇りを持っていないことと同じ行為だと思っている。

② 努力の跡を語ったり、何がしかの言い訳めいたことを話したくない。
これも一つの僕の流儀である。南アフリカのワールドカップで、僕が部屋で筋トレ

をしていた話が広まった。そういうトレーニングは人に見せるものではないから、わざわざメディカルルームではやらない。練習後から食事までの時間を少しだけ利用して部屋でやっていた。食事のテーブルにつく時間が毎回遅いものだから、「川島は何をしているんだ！」ということになって、それがバレて、誰かがメディアに話したのが、ことの顛末《てんまつ》。「僕は、これだけやっています」という努力の跡を口にするのは自分のスタイルに反している。

メディアはコントロールできるものでもなく、まして、するものでもない。誰に対しても公平に誠実に。その背後にいるファンの方々をいつも意識できれば、それが理想形だ。

激しいコーチングから生まれた「どや顔」

サッカー専門誌以外の取材であったり、ファンの方によく聞かれたりするのが、「どや顔」のことである。どんな心境で、ああいう顔をしているのですか？　中には、今季のベストどや顔は、どの試合でしょうか？　というような質問まである。

正直、ただ、真剣にプレーしているだけなのだ。集中している時に、自分がどんな顔をしているかなど、わかるはずもない。自分としては、いたって普通の表情のつもりなのだ。

確か「どや顔」「どや顔」と言われ始めたのは、南アフリカのワールドカップ期間中からだろう。しかし現地では日本のメディアの報道をリアルタイムでは知らなかった。後になって、インターネットをチェックすると「これが、川島のどや顔！」という感じで写真が掲載されていた。「どや顔」というイメージばかりが、一人歩きをし始めている感がある。

キーパーの役割に、ディフェンスに指示を与え、コントロールするコーチングというものがある。当然、大きな声で吠《ほ》える。国立競技場や日産スタジアム、新潟のようなトラックのついたスタジアムでは比較的声も通るし、聞き取りやすいのだが、サッカー専用スタジアムになると、ほとんど聞こえない。南アフリカのワールドカップでは、「ブブゼラ」が騒音のように鳴り響き、指示の声は通らなかった。テストマッチの段階で経験していたので、半ばあきらめてはいたのだが、日本代表は、お互いの意思疎通、守備意識の共有ができていたので、コーチングがなくてもチームは機能した。そう満員でもなかったカタールのアジアカップでも聞こえない時は聞こえなかった。

そんな状況の中で、必死に叫んでいる顔が「どや顔」と言われる所以《ゆえん》だろうか。

一体、何を吠えているのか？　ともよくファンの方から質問される。

「絞れ」「右」「左」などのポジション修正に、「後ろを気にしろ」「来ているぞ」とか、選手の目の代わりになって敵の位置を示すこともある。

「前の人が見えていないから後ろに言ってやれ」「もっと喋れ」とコミュニケーションを喚起することも少なくない。人は後ろに目がないから、意思疎通を図り、連携や連動をスムーズにするためには、「喋る」というコミュニケーションツールは重要になってくる。

性格のセルフマネジメント

悪いことはさっと忘れる

性格のセルフマネジメントはできるのだろうか。この答えはわからないが、いわゆる、ネガティブな面の性格を直す努力はしている。もちろん、自分のことは、だいたいわかっていて好きな面も嫌いな面もある。血液型はO型である。性格もO型らしく、大雑把で、あまり細々と小さいことは気にしない。A型の人のように、もっと、きめ細かな几帳面さが自分には必要だとは思っているが、なかなかうまくはいかない。

あえて、性格の自己分析でポジティブな面を言えば、簡単にはあきらめず、粘り強いところだろうか。興味のあることに対しては、とことんやる。この「とことんやる」という性格が、徹底したストイックさにつながっているんだろうと思う。

特に高校時代は、相当にストイックなプレイヤーだったらしい。丸坊主で学ランの一番上のホックまで閉めていた。授業中に居眠り女友達もいない。今では絶滅寸前の絵に描いたような硬派である。朝一番で自主トレをしていたが、授業中に居眠りもしなかった。寝ると授業がわからなくなる。もし的にサッカーの練習時間が減ってしまう。それではサッカーがうまくなれないではないかという論法である。

ストイックの典型だったのが、炭酸禁止事件。高校3年間、炭酸飲料が体に悪いと聞いてから、一度も飲まなかった。当然、チームメイトも、僕に感化されて飲まないということになっていた。僕は炭酸を飲んでいる選手を見つけると「何、炭酸を飲んでいるんだ！」と烈火のごとく怒っていたから、彼らは僕に隠れて飲んでいたらしい。相当、厳しいキャプテンだったと思う。

しかし、最後の全国高校サッカー選手権の県予選で敗れ、高校サッカー生活が終わった帰り道に、「じゃあ、今日だけは炭酸を飲もう」という話になった。今でも覚えているが、自動販売機でリアルゴールドを買って飲んだ。次の日、学校に行くと、サッカー部ではない生徒が僕のところに来て「永嗣、炭酸飲んだらしいな？」と言う。学校中で噂になっていたらしい。「川島が炭酸を飲んだぞ」と。思い返すと自分でも笑えてくるエピソードだが、それほどストイックだから、チーム内でも誰も僕に強く意見をしてくる人はなく、喧嘩《けんか》にもならなかった。

ちなみに炭酸禁止が間違った知識であることは言うまでもない。今では、ペリエなどの天然発泡水が好物である。

ただ、サッカーで言えば、その性格というか、メンタリティの根源には、「もっと、うまくなりたい」「もっと、上へ行きたい」という原点にいきつく。その目標を実現するための練習や努力を支えているのが、他の人がやらないことをやらないと気がすまないという「とことんやる」の部分である。

ストイックはいいけれど、頑固一徹でもいけない。この記述を僕の家族が見たらきっと苦笑いをするかもしれないが、性格は、年を重ねると共に少しずつは変わっていくものである。いつまで経っても変わらないものもあるが、そうでない部分もある。

僕は、頑固な人間だと思われがちだが、柔軟でフレキシブルな面を兼ね備えた仕事人であることを志している。これがなかなかうまくはいかないのではあるが……。

基本的には、ネアカな性格である。

ネガティブな部分も自分ではわかっている。第一に忘れっぽさは、どうしようもない。それは昔から抜けきれていない性格のようで、小学校2年の時には、あまりに忘れものが多すぎて校長室に連れて行かれて説教されたこともある。

都合のいいことに、嫌なことはすぐに忘れてしまうようにできている。しかし、サッカーの場面についてだけは、すべて繊細に記憶しているのだ。特にやられたシーン。記憶の回路が、自分に都合よくできているのかもしれない。一方で飽きっぽいのも欠陥だ。

サッカー以外では、集中力が続かない。

家族への感謝

昔話を思い出しながら書き進めていると、改めて家族には、いくら感謝してもしきれないと思う。どんな社会においても、セルフマネジメントを考えるのは自分だが、そのプロセスにおいて様々な人のサポートがなければ実現しない。友人や家族の支えは不可欠だし、感謝の気持ちを忘れてはならないと思う。

僕の家庭は5人家族だった。サラリーマンとして働く父の誠、母の法子《のりこ》、一つ違いの兄、崇史、六つ違いの姉の章代。ずっとサッカーをやっていて、経済的な面も含めて不自由をしたことが一度もなかった。素晴らしい環境で育ててくれたと思う。ああしろ、こうしろと、強制もせずに、本当に自由に好きなことをさせてくれた。

小6になって、さすがに「塾に行きなさい」とは言われた。言いつけを守って塾に通い始めたのだが、宿題が多かったため途中で辞めて勝手に別の塾に変えたりしたことがあった。そんな我《わ》が儘《まま》も黙って認めてくれた。

高校時代は、かなりストイックにサッカーに打ち込んでいた。早寝、早起きの生活だったが、兄も姉も、僕を優先的にお風呂《ふろ》に入れてくれて、早く就寝できるようにサポートしてくれた。末っ子の我が儘を家族全員で受け入れてくれていたのだろう。

兄もサッカーをしていて、中学時代は川島兄弟がそろってレギュラーで試合に出たりしていた。兄は当時ディフェンスで、浦和南高校に進んでからフォワードに転向したが、公式戦で対戦することはなかった。記憶は薄いのだが、小さい頃からお兄ちゃんの背中を追いかけてよく一緒にサッカーをした。兄は高校でサッカーを辞め、大学に行くと一転して、勉学に励み、今では銀行マンである。僕は、自由気ままな末っ子だったらしいが、小さい頃、六つ上の姉が、ずいぶんと面倒をみてくれたそうだ。

両親は、いつも僕のことを気にかけてくれていた。

大宮でプロとなり、すぐにイタリアのパルマへ1か月の留学に行ったが、僕はその間、一度も実家に連絡を入れていなかった。18歳が一人で海を渡ったのだから、よほど心配したのだろう。当時、パルマのトップチームには中田英寿さんがいたのだが、母親がヒデさんの公式HPのファンからのメッセージ送信用アドレスに、こんなメールを送ってしまった。

「私の息子がパルマに留学に行っているのですが、一度も連絡がありません。もし見かけることがあれば、一度、家に連絡をするようにお伝え願えませんか」

ヒデさんとは練習場で会う機会が一、二度あったのだが、「そういえば、お袋さんが心配しているとメールが入っていたよ。連絡してあげなさいよ」と、母親の不躾《ぶしつけ》なメッセージをわざわざ僕に伝言してくれたのである。

中田英寿さんには、迷惑をかけたと同時に、その優しさに感激した。そして、どれほど両親が僕のことを気にかけ、見守り続けてくれていたのかにも気づかされた。人生を自分の好きなようにマネジメントできてきたのも、家族のバックアップがあればこそである。

家庭の雰囲気は本当にアットホームで、川島家では、家族の一人ひとりの誕生日とクリスマスは、全員で一緒に過ごして祝うのが慣例だった。それは今でも続いていて、時間が許す限り誕生日には、全員で揃って食事に出かけたりする。仲の睦《むつ》まじき温かい家族のおかげで、僕は、横道にそれることなくサッカーだけに打ち込めたのだ。

第8章　経済で失敗しないためのマネジメント

自分なりの経済ルールを作る

身の丈に合ったお金の遣い方をする

経済観念は必ず持っていなければならない。プロと呼ばれる個人事業主は、なおのことそうだ。マネジメント会社や、税理士など専門家に任せている人もいるだろうが、基本的なお金の動きは自分で把握しておかなければならないという考え方を持っている。そういう僕も大宮でプロになったが、入団当初は、どれくらいの給料なら高くて、どれくらいなら安いかという正しい経済観念がなかった。

日本のプロサッカーにおいて、クラブと選手の契約関係の大枠は、ルールによって決まっていて、A契約、B契約、C契約という三つの段階に分かれている。A契約は、Jリーグならば、J1で450分、J2ならば900分以上、試合に出場していることと、C契約から3年を経過していることが条件とされ、最低年俸は480万円。アマチュア選手及び社員選手が、最初に結ばねばならないのが、C契約と言われるもので、僕が大宮に入団した最初の契約が、このC契約だった。最高年俸が480万円で、出場プレミアムも5万円以下に設定されるなど、給料は低く抑えられていた。僕の場合、確か初任給は20万円で、そこから寮費や税金などをいろいろと引かれて、手取り額は16万円程度だったと思う。

最後の全国高校サッカー選手権の予選で敗れ、サッカー部引退となった時に、1か月ほど大宮市（現在のさいたま市）内のサッカーショップ「フタバスポーツ」でアルバイトをしたことがある。ショップ店員の仕事は、それはそれで面白かったが、自分には向いていないなと思った。時給何百円のこのバイトが自分で稼いだ初めてのお金だったのだが、やはりプロとなって初めて稼いだ給料が振り込まれた時は感激した。

しかし、まだ経済観念というものは持っていなかった。名古屋時代にA契約となり、給料が上がってから、ようやく経済観念が生まれてきて、お金の流れだけは自分で把握しておこうと考えた。パソコンも使えたほうがいい。僕はノートパソコンを買い、本を買ってきて勉強し、エクセルを使って家計簿を作っていた。今はもう家計簿はつけていないが、名古屋、川崎時代は、根気強く続けていた。それが僕なりの経済マネジメントのスタートである。

いろんな段階で自分なりの経済的なルールを作っていた。給料が安い時は、1万円以上の服は買わないと決めていた。無駄遣いはしないが、自分のためになるもの、気に入ったものにはお金を遣おうと決めていた。本やCD、語学学習などの自己投資となる文化的なお金の遣い方は良しとしていた。

身の丈に見合ったお金の遣い方がカッコイイと思う。お金がないのにあるフリをして見栄を張ることはカッコイイとは思わない。給料がそう多くはないのに、高価なモノを買っている選手を見ると、なぜ、そこにお金を遣うのかが疑問で仕方なかった。

給料がいくら上がっても、感覚だけでお金を遣うのは間違っている。名古屋時代も、楢さんは高級な時計をさりげなく着けていて、それがとてもカッコよかった。総じてカッコいい人は、そういうものを高く見せない。

逆に自己投資には、惜しむことなくお金をかけた。本を読み始めたことで啓蒙《けいもう》されたのだが、自分で稼いだお金を自分に対してプラスになることに遣うことが大切だと思った。それほど稼いでもいないのに見栄を張った高い時計を買うくらいなら、身の丈に合った語学の教材を買ったほうがいい。

極力、無駄な浪費には気を付け、貯金をしていた。海外修行のための資金作りだった。イタリアのパルマにクラブから行かせてもらった1か月留学を除いては、その後のイタリア行きは、すべて自費だ。趣味は昔から旅行だったので、見聞や価値観を広げるため、一年に一度の海外旅行にお金を遣うのはアリと考えていた。給料が上がってからは、遣える金額も変わってきたが、自分が新しく何かを体験できるならば、そこにはお金を惜しまない。それこそが、お金では買うことのできない知的財産となっていく。

狭い視野で世間と隔絶していてはならない。今、僕は金融についても学び始め、実際に投資もしている。景気の動きなどを先読みしながら、今後楽しみになりそうな企業の株を買ったり、投資信託を買ったりしている。興味は持てなかったが、FXについても勉強してみた。経済のマネジメントは、プロのアスリートとして欠かせない要素だと考えているからだ。

やりがいを優先する生き方

プロと名乗る限りは、綺麗《きれい》事を言うつもりはない。ビッグマネーは手にしたいと思う。いい給料をもらってサッカーをしたい。それが僕の職業だから、経済活動としてプロのトップを追い求めるのは当然だろう。ビジネスマンの方々も、「なぜ働くのか」という普遍的な問いかけに対して、経済的な動機付けは大きいと思う。

プロの世界に憧《あこが》れた小学校時代は、プロサッカー選手になって大豪邸に住みたいとか、スーパーカーに乗りたいとか、単純な夢を抱いていた。その一方で、別の将来像も用意してあった。子供ながらのリスクヘッジである。高校を卒業したら、すぐに地元の好きな女の子と結婚して家庭を築き、毎日、奥さんに愛妻弁当を作ってもらい、それを持って工事現場で働くという、本当にささやかな夢だった。僕自身の家庭の影響もあって、男の子らしからぬ小さな幸福の絵図も持っていたわけだ。

幸せに大小の単位などない。この小さな幸福感も消え去ることはなく、ずっと心に横たわってはいたのだが、中学校、高校と、だんだん社会というものが現実に近づくに連れて、考え方に多少の変化が出てくる。プロになりたい、経済的な成功も収めたいという願望は、徐々に大きくなっていった。

自分が求めていないスタイルではサッカーをしたくない。そういう選択はNOだ。給料が高いという理由だけでクラブ選択もしたくないのである。やりがいのあるクラブでプレーしたいということが、経済面よりも優先するのが、僕のポリシーだ。変わっているのかもしれないが、そんな男が一人くらいいてもいい。何のためにサッカーをするのか？　金のためか？　自分のためか？　サッカーを愛する人のためか？

そういう根源的なことを考えた時に、お金のためだけという答えは導き出せない。

お金よりやりがいという人生観があってもいい。

だが、プロである以上、自分の値段を上げるための努力は１００％するべきである。プロとしてピッチで結果を出し、プレーでチームに貢献するのは最低限のことで、加えて、チームが向上するためにどんな手助けができるか、自分の持っているものをチームに対してどう還元できるか、どれだけ付加価値を与えられるかが、自分の値段、評価を上げるために必要なものだ。

自分の値段を上げるためには、いつでも自分自身が自分の価値を高める努力を惜しまないことが大事だと思う。

持ちモノに自分の気持ちを込める

モチベーションを高めるための自己投資もある

南アフリカワールドカップ直前に、僕にしては大きな買い物をした。高地対応合宿をしたスイスから南アフリカ入りする前に、一日、経由地のジュネーブで休みがあった。時計をコレクションしている僕は、その休日を利用して、パテックフィリップの本店を訪れ、そこであるクラシックな時計に一目ボレしてしまった。値札を見ると免税で約160万円。半日迷ったのだが、思い切って財布を開いた。ワールドカップが終わってから海外移籍の前に買おうかとも迷ったのだが、タイミングはここしかないと思った。まだ僕自身が、ワールドカップでチャンスをもらえるかどうかもわからない。しかし、スイス本店、そして、これから人生最大の大会へ。すべてのタイミングを考慮すると買わないと後悔すると思った。

南アフリカで出場できなければ、この時計は悔しさの象徴となるだろう。そこで輝くことができれば最高の思い出として残る。いずれにしろ2010年6月の決意表明としての記念の時計である。時計の老舗《しにせ》ブランド。紳士がするクラシックな時計を若い時に買ってみたいという願望があった。本来ならばスーツに似合う時計だが、ワールドカップ期間中は、ずっとそれを着けていた。僕なりのダンディズムで言えば、着けている時計にふさわしい人間でなければならないのだ。

何か欲しいものがあって、購入をためらっている人は、この話を思い出してほしい。その決断に自分の仕事や目標を結びつけるやり方もあるのだ。これもひとつのモチベーションを高める自己投資である。

セカンドキャリアに対するマネジメント

将来への経済的な不安はない。今までの10年間のプロ生活の中で、幸いにも、そういう危機感を抱く状況には一度も陥らなかった。

しかし将来の経済的な設計図はマネジメントしておかねばならない。僕みたいに公務員や企業の正社員ではない個人事業主にとっては、なおさら重要である。

40歳までに、もっと金融や資産運用など経済について勉強したい。ゆくゆくは自分で、いろんな事業を起こして、経済的な活動を行い、お金が入ってくる仕組みを作り、引退した後の経済基盤を固めておきたい。ある程度の生活資金を作っておき、そこから先は、サッカーだけではなく、他にも自分が好きな活動を行える環境を作りたいのだ。いわゆるセカンドキャリアに対するマネジメントである。人生において、僕は常に「好きなことをして生きたい」という願望がある。40歳を超え、サッカーの第一線を退く頃には、奥さんも子供もいるだろう。その家族を支える生活力をつけておき、さらに新しく情熱を注げるような活動ができれば理想的だ。それは起業になるのかどうかわからないが、引退後も、最低限、家族をしっかりと支えられるように、今は資産を維持できる知識などを勉強しておかねばならない時期だと思っている。

日本のサッカー界におけるセカンドキャリアの問題は深刻だ。Jリーグの平均引退年齢は26歳である。僕は40歳まで現役を目指しているが、大部分の選手は、セカンドキャリアの方が長いわけである。僕の知る限りでは、30歳手前になるような選手は、自らのセカンドキャリアについて真剣に考えている。

元選手を雇いたい企業もあるだろう。条件さえ選ばなければ、元選手に来て欲しい働き場所は少なくないと思う。例えば、それは飲食関係なのか、フィットネス関係なのか。再就職すれば、また新しい人間的な接点ができて面白い広がりも作れる。そういうセカンドキャリアの問題を考えても、現役時代にプロ選手としての価値をどう高めるかの努力は重要になってくる。本当のプロとは、自らの権利を自覚して、その評価を高めることにある。そういう意識や行動が、サッカー全体の盛り上がりにもつながっていくと考えている。

第9章　スキルを磨くためのマネジメント

職人に似ているGKの仕事

感覚世界から作り出される芸術

プレッシャーを好きな人は稀《まれ》だと思う。しかし、プレッシャーの裏には、乗り越えた時の大きな成果が潜んでいる。

ゴールキーパーは、11人の中で、唯一手を使うことが許され、シュートをしないポジションである。厳密に言えば、11人目までもつれるPK戦もあるし、FKを蹴《け》る稀有《けう》なGKも存在するのだが、一般論としては、そうである。そして、ミスが勝敗に直結するポジションだ。相手にとっては、いかにミスをさせるかのターゲットになる。11人のうちで、ただ一人、プレッシャーの嵐のど真ん中に放り込まれるような仕事だからこそ、逆に言えば、やりがいがあり、好セーブを決めて勝利した時には底知れぬ快感に浸ることができる。

ここでは、少し専門的になってしまうが、キーパーの仕事をどうマネジメントしているかについて書いてみようと思う。分野こそまったく違えど、僕がマネジメントしてきたGKの技術向上へのアプローチが、ビジネスマンや学生さんが目指す、スキルアップのヒントになれば嬉《うれ》しい。

ゴールキーパーの仕事は、職人の仕事に似ている。まるで日本の伝統工芸を手がける職人や、世界に誇る精密な製品を仕上げる町工場の技術者のようだ。何十年もかけて感覚を研ぎ澄ましながら、経験とセンスでモノ作りをする行程に似ている。

プロフェッショナルの世界である。

僕のプロフェッショナルの定義は、その仕事にこだわりを持ち徹することのできる人だ。最高のパフォーマンスを実現するために、ありとあらゆる角度から努力し、時間を使う。自分がやれることをすべてやる。そして、最高だと感じたパフォーマンスにも満足することなく、あくなき探究心を失わない。自分の仕事に、どれだけのこだわりやプライドを持てるのかということだろう。

GKの技術マニュアルはあってないようなもので、実際の試合になれば、計算通りに守れることなど少ない。どれだけ感覚を磨き対応できるか。

ある意味、感覚世界から作り出される芸術である。

若い頃は、至近距離の構え、ミドルレンジの構え、足の歩幅、重心の位置、タイミングの合わせ方など、いろいろなパターンを試した。ベストなスキルを探り出してマニュアル化できないかと考え、研究を重ねた時期もある。

しかし、様々な経験を経て、たどり着いた結論は、自分が最も動きやすい自然のままの構えでいるということだ。何も意識をしない意識。無意識の意識である。

どこで守るかというポジショニングも重要で、僕は、まず相手の攻撃に対する自分の守備の選択肢をイメージの中でピックアップする。こちらに来れば、こう動く、こちらに来れば、こう跳ぶというイメージだ。それに合わせて自分が動きやすいポジションを取っている。プレーの予測、察知とポジショニングは、一体の動作となっていなければならない。ポジションが固まったら、ピッチ全体を視野に入れる。ボールも見るし人も見る。特にボールを弾《はじ》いた後を想定し、相手オフェンスの配置も含めて全体像を把握しておく。

僕は、感情が表に出るタイプでピッチでの気性は激しい。下手をすれば体には無駄な力が入りやすい。しかし、それでは力んで体が固まってしまい、スムーズに反応できなくなる。リラックスして、いかに自然に近い体勢でいられるかを心がけるのだが、特にベルギーではグラウンドが湿っていてスリッピーなため、ついつい重心が低くなりすぎる。何本かをさばきながら、そこに気が付き修正する。試合中はできる限り、他の情報にとらわれず、何も考えない無意識の状態を作る。反応だけに神経を研ぎ澄ますようにしている。

スナイデルに打たれたぶれ球への後悔

高いスキルに触れてみることが、新しいスキルを生み出すヒントになる。そして、仕事のモチベーションとは、スキルアップ、向上心と常に連動していると思う。キーパーのボールを止める技術の一つにパンチングというものがある。ボールをキャッチするのではなく、叩《たた》いて阻止するのだ。それには、拳《こぶし》で弾くグーパンチングと、手のひらを開いたまま弾き出すパーパンチングがある。相手の攻撃陣のポジショニングと、味方のディフェンスのポジショニングを見ながら、弾いた後に落とすボールの位置を計算しておくのだが、パーの方が、その弾いた後のボールのコントロールはつけやすい。

だが、無回転のぶれ球が全盛となって、こちらの計算通りにボールが動かないこともあるから、弾いた後にボールを落とす位置の計算も難しい。

南アフリカのワールドカップでのオランダ戦。僕は、スナイデルのシュートを防ぐことができなかった。スナイデルに決められたゴールシーンは、あれから何度も見直した。

２００９年９月のテストマッチでは、まったくスナイデルのシュートに反応できずに０-３で敗れた。だが、今回は反応できたし、打たれた瞬間に「完全に止めた！」と思った。ジャンプして、両手のパーパンチングでボールを外側に弾こうとしたが、その瞬間、ボールは僕の動きとは逆に中へ揺れるようにして動いた。手を触れたが、そのままボールの方向を内側に変えただけで、ゴールを許してしまった。映像を見ると、ボールが内側へ大きくぶれている。あのタイミングで強いシュートをコースを狙って打たれ、しかも、あれだけボールがぶれることは通常ではありえないのだが……。

自分では、なぜ、失点してしまったかがわからなかった。今、冷静に考えてみれば、反対に中側でもいいから、ボールの動きに逆らわず弾けばよかったのかもしれない。もしくは、もうワンテンポだけ反応を待って、前に出てパンチングに行くべきだったのかもしれない。しかし、あの場面でぶれ球の進路までを予測して動くことは困難だった。キーパーの本能として、どうしても早い反応を意識して、その時点でのベストな対処を選択してしまう。まったく手も触れることもできないシュートではなかっただけに、なおさら悔しさが募る。

ゴールキーパーの原風景

人とは違う観点を持つ

人とは違う視点を持つと、これまで見えなかった風景が見えてくる。楽しみ方の深ささえも変わってくることがある。僕は生まれつき、そういう考え方を持っている子供だったのだが、誰もが意識して視点の違いを持つことはできるとは思う。仕事において、勉強において、アプローチの角度を少し変えてみるのだ。

僕がゴールキーパーを始めたのは小学校2年だ。埼玉県与野市（現在のさいたま市中央区）にある実家の前のコンクリートの上で近所の友達とサッカーをしていた頃から、僕はもうキーパー役だった。当時は、みんなが嫌がるポジションだったが、僕は進んでキーパー役を買って出ていた。そこで僕はボールを止めることの楽しさを覚えた。

膝《ひざ》をすりむきながら、コンクリートの上でもジャンプセービングしていた。

「キーパーが楽しい」という感覚は珍しいのかもしれない。シュートを決めるのは痛快だし、楽しい感覚に浸れるのはわかる。小学校の低学年だから、僕も遊びの中でシュートも打っていた。シュートを決めることの楽しさも知っていたが、それはレクリエーション的な楽しさで、ボールを止める方は、そこに、もう一つ何かがプラスされたような充実感があった。つまり楽しさの深みが違ったのである。

ボールを止めるのは、レクリエーションではなく、やりがいや使命感、達成感を感じることだった。それが楽しさの深みの部分だった。

なんと生意気な子供だったことか。

最初は、自分に何が合うか、合わないかを見つけるのと同じ感覚で、本能の赴くままにキーパーをやってみたのだろう。そして、やってみて、その楽しさの深みを感じるようになった。キーパーという仕事が自分にマッチしていることを幼年期に知り、そしてその楽しさの深みは、今なお一層増すばかりである。

加えて、僕自身が、常に人とは違うことをやりたいという性格だった。自己主張、自己顕示欲が強かったのだと思う。

その本能をもっと遡《さかのぼ》れば、どこにいきつくのだろうか。

両親もサッカーをやっていたわけではない。考えてみれば、みんながシュートを決めてワーワー言うのを逆に鎮めることが、自分の中で快感だったように思う。完全アウェーの中でスーパーセーブを決めるのと同じ気分。アンチの精神というか、人と同じことをするのが嫌いだった。昔から、多少ひねくれていたのかもしれないが、ポジティブな見方をすれば、人とは違う観点、視点、思考を持っていたことになる。それこそが、フィールドプレイヤーとは違うゴールキーパー独自の感性につながっているのかもしれない。

絶対に迷わない。常にポジティブに攻める気持ちで

ここで勝負すべきか？　いやもっと慎重に控えるべきか？

ビジネスシーンや人生の岐路において、そういう二者択一を迫られる機会はそれほど頻繁にはないと思う。だがゴールキーパーは、常にギリギリの選択の場に置かれている。

僕は、迷った時には「飛び込むのか」、それとも「待つのか」と質問されると「僕は迷わない」と答える。瞬時の判断を求められる場面で、迷いはイコールミスということにつながる。迷ってはならない。いいプレーとは、迷わないことなのだ。原則としてキーパーが消極的になることはタブーである。イタリアで教えを請うたフルゴーニさんには「アタックしろ」と教えられた。常にキーパーは攻める気持ちを持っていなければな

らない。しかし、飛び出すという選択肢が、必ずしも積極的なプレーであるとは限らない。状況によっては、待つという選択肢が、逆に相手にプレッシャーをかけることがある。

南アフリカワールドカップの初戦のカメルーン戦で、僕のファーストプレーは、確かハイボールの処理だった。僕は出ようと思ったが、出ることができずに少し躊躇《ちゅうちょ》した。「迷ってはならない」という原則を守れなかったのである。

失点したわけではない。すぐに思考を切り替え、そのミスについては気にはしなかった。最初のプレーで自分が消極的になったら終わりだと思った。心構えとしては、積極的に行こうとだけ考えた。もし自分が出なかったら、カメルーンにそこを狙われ続けるだろう。だから、こちらは出続けるしかない。迷っている場合ではないのだ。もっと積極的に、もっとポジティブにと、自分をけしかけていた。

セットプレーは、最も得点につながりやすい局面である。チームによっては巧みに壁を作ってボールをキーパーの視野から消す。実は、ボールが見えないという場面は少なくない。想像をしてもらえば容易にわかると思うが、ゴールを守るキーパーにとってボールが見えないことほど不安なことはないのだ。

チームやキッカーによって、その手法も様々で、巧みに隠すチームがあったり、逆に自信を持っているキーパーに対しては、あえてコースを見えるように開けておいて、そこを狙ってくる場合もある。ボールが壁で見えない時は、もう駆け引きしかない。相手がどちらを狙っているかを読む。当然、相手はキーパーがどちらに張っているかを読んでいるだろう。駆け引きの一つとして、あえて僕は、どちらかのコースをわざと開けて誘うような心理戦を仕掛ける。しかし最終的には、瞬時の反応、感覚に賭《か》けるしかない。

攻撃オプションは戦略的に

ここまで読み進めていただいた読者の皆さんには、いかにゴールキーパーが特殊なポジションであるかは、わかっていただけたかと思うが、守りのイメージが強いキーパーにも攻撃というオプションがある。フィードを蹴ることによって攻撃の起点を作るのだ。僕がＧＫという職業を選択した理由には、攻撃にも参加できるという役割の多様性があった。

11人目の攻撃者となるキーパーの存在は、チームのオプションをも広げる。ビジネスマンの方々も、これは僕の領域ではない、これは僕の仕事ではないと判断して、自分の可能性を狭めてはならない。誰もが多様な可能性を秘めている。人の仕事に足を踏み入れることで、チーム、企業という組織の力がアップすることがある。個人のやりがいや、モチベーションも同時に刺激することができるだろう。

僕は浦和東高時代に、監督の野崎先生の指示で仰天のプレーをしたことがある。キーパーである僕が、ハーフラインまで出ていき、キックオフでいきなりシュートを打ったのだ。究極のキーパーによる奇襲だろう。そのシュートは、ゴールの外に外れて、敵側のゴールキックに変わったが、相手のゴールキーパーは鳩が豆鉄砲を食ったような顔をしていた。

南アフリカワールドカップのカメルーン戦では、ワントップの位置に入った本田と、事前にカメルーンのDVDを見てフィードについての戦略を練っていた。公式球の「ジャブラニ」は、GKのフィードのボールでさえぶれる。相手もクリアし辛《づら》いだろう。ならば戦略的に使えないだろうかと考えた。

僕から見て、左のサイドバック、ブノワ・アスエコットは、178センチとそれほど上背がなく、足元のスキルもそう高くない。そこを狙って難しいボールを落とそうと決めた。試合の中でうまくいかなければ変えればいい。僕は徹底して右へ蹴った。幸い、そのフィードは効果的で何度か攻撃の起点を作った。

PKの自信をつかんだイングランド戦

苦手と得意は表裏一体。きっかけ一つで苦手意識は払拭できる

誰にも苦手分野はあるだろう。しかし、それは得意分野と表裏一体に存在している。ほんの小さなきっかけ一つで、コンプレックスは払拭《ふっしょく》できる。オセロゲームのように、白黒が一気に逆転することになる。僕のPKへの対し方がまさにそうだった。

遡ってみれば、僕は高校時代からPK戦が苦手だった。浦和東高時代の関東大会では、準決勝の幕張《まくはり》総合戦で試合中のPKを1本止め、PK戦でも2本止めて勝利に貢献したことはある。高校サッカーではPK戦の重要度が高い。だが、僕は実のところPK戦が得意ではなく、練習でも、ほとんど止められなかったのである。極意なんてとても持てなかった。どこかの地域の小さい大会で、コンちゃん（今野）の所属していた宮城選抜とも試合をしている。この時も同点のまま、最後はPK戦になった。コンちゃんのシュートも含めて、僕は1本も止めることができずに敗れた。あまりの不甲斐《ふがい》なさに、試合後、野崎先生に「1本ぐらい止めろ」と激怒された。僕はPKをどうやって止めればいいかが分からなくなっていた。

それでいて、PKが不得意な理由を分析しようとはしなかった。なぜ止めることができないのか、問題解決にはあらゆる理由の分析が必要になるのだが、PKに関しては、

そういう努力を怠り、どちらかと言えば「PK戦はしょうがない」というあきらめの心境に近かった。考えるのも辛いほどの嫌悪感があったのだろう。

プロに入ってからも、その苦手意識はなかなか払拭できなかった。川崎時代は、ACLで5本連続、全部逆に動いて決められたことがある。その時は、さすがに落ち込み、「本当にPKが苦手だ」というレッテルを自分自身に貼ってしまっていた。

常に自分の弱点を埋めるようなトレーニングを考えていた。当然、ACLに負けて帰ってきた後などは、PK対策に真剣に取り組んだ。しかし、それに関する処方箋《しょほうせん》はみつからなかった。自分で上達の手応《てごた》えがないと、なかなか練習にも身が入らない。

確かにPKを止めればインパクトがある。しかし、PKという機会は、そう頻繁に訪れるわけではない。PKに関しては、「とりあえずやるしかない」というくらいの位置で、重要視もしていなかったから、なおさら進歩のきっかけをつかめない。

劇的な変化があったのは、GKを本格的に始めて15年目となる、あのワールドカップ直前にオーストリアのグラーツで行われたイングランドとの親善試合である。

ランパードのPKを止める

イングランド戦の前夜にホテルの部屋で、リラックスして音楽を聴きながら一種の瞑《めい》想《そう》状態に入っていた時だった。ふとPKのシーンが頭の中に浮かんだ。イングランドのキッカーはランパード。蹴る方向がなんとなく見えて、僕はそのシュートをイメージの中で止めた。すると翌日、本当に試合でも、まったく同じPKのシーンが巡ってきた。ランパードは前日のイメージと寸分違わず同じ方向に蹴り、僕は、それを予期していたかのようにして止めた。まるで未来予知。デジャブではないが、DVDの録画を見ているようだった。

ランパードのPKを止めた場面から負のスパイラルが逆回転し始めた。不思議なもので、たった1本のPKを止めたことで、苦手意識の強かったPKに自信がもてるようになった。止められないとあれこれ考え過ぎて、結果的に動きだしが早くなったり、逆に遅くなったりしてしまうのだが、自信が一つ芽生えると、そういう雑念が消える。いい意味での反応だけに頼る無意識状態を保てるのだ。PKを止めることがいかにメンタルに左右されるかがよくわかる。

イングランド戦を終えて、僕の中では、完全に苦手意識が払拭され、フラットな気持ちでPKを迎えることができるようになっていた。南アフリカのワールドカップでは、デンマーク戦でも、ヨン・ダール・トマソンのPKを止めることができた。また一つ大きな自信が、僕のPKアーカイブの中に追加された。

この短期間で僕は、完全にPKを得意分野に変えていた。

苦手と得意は表裏一体に存在している。それがオセロのように表を向くか、裏を向くかは、結果と自信次第である。僕は、苦手だということでPK対策を遠ざけていた時期があったが、どんなきっかけで変化がもたらされるかはわからない。

ビジネスや勉強、社会活動において苦手な分野があっても、決してあきらめないことだ。きっかけが一つあれば、それは得意分野に逆転する。苦手と得意は表裏一体なのだ。

PK戦になると、キーパーコーチが、相手チームのある程度の傾向データを見せてくれる時もあるし、ない時もある。ない時は、すべてを自分で考えるしかないのだが、PKの準備に関しての僕なりの手順は、ここではまだ詳《つまび》らかにはできない。どこの誰がこの本を読んで、僕の傾向をつかむかもしれない。勝負の駆け引きとは、そんな細部からスタートしている。読者の方には申し訳ないが、引退するまで秘密にしておかねばならないこともある。

パラグアイ戦での心理戦

南アフリカのワールドカップのベスト8進出をかけたパラグアイ戦では、1本もPKを止められなかった。最初の2本は共にタイミングも方向も合っていた。しかし、ほんのわずかボールに指先が届かなかった。もう1、2センチの単位で足りなかったのだ。

3本目を前にして僕は「今の感じでいいが、ほんのちょっとだけ早く行こう」と考えた。1、2本目で、飛んだ方向が間違っていなかったことで「少し工夫すれば止められる」という欲も出た。

「絶対に止めなきゃいけない」という強い気持ちが体の動きに現れてしまう。僕は、相手が蹴る寸前のゼロコンマ数秒早く動き出していたのだ。

「ほんの少しだけ早く」という心理をパラグアイの歴戦の選手に見破られた。彼らは、冷静に僕の動きを見限った上で逆サイドに決めてきた。サッカーにタラレバがないことはわかっているが、最初の1、2本の感じを保ったまま、3本目以降も対処していたら、もしかすると違う結果になっていたかもしれない。

苦手意識を払拭したはずのPK戦で結果を出せなかったが、再びPKコンプレックスが蘇《よみがえ》ったかと言えば、NOである。前述したようにアジアカップの韓国戦でのPK戦における心情には、また特別な過程があったが、そこでも苦手意識は消えていた。

名古屋グランパス時代のフォワード体験から得たもの
視点を変えると見えなかったものが見えてくる

相手の立場に立って思考することは簡単ではないが、そういうチャレンジをすると新しい発想につながる。僕は、GKという特殊なポジションにいるから、なおさら、攻める方の立場に立つことで新しい発見があった。

それが、名古屋時代に実際に体験したFWの経験だ。2006年の冬、シュート練習で左手親指を骨折、全治1か月の診断を下されていた。手は使えないが、ボールは蹴れるのでフィールドプレイヤーに混じって練習をしていた。僕は、たとえフィールドの練習であっても、100%頑張るという姿を見せた。怪我をしているから、キーパーができないから、という言い訳の中でトレーニングをしたくなかったのである。コーチからは、「練習試合に出てみるか」と打診されたが、それが現実になるとは思いもよらず、まったくの冗談だと受け流していた。本当に出番が来たのは、岐阜FCのサブ組との練習試合である。0-2と負けている展開の残り15分で、FWのポジションで出場することになった。そして、僕は2ゴールを決めて、チームは逆転勝ちした。確かロスタイムからの決勝ゴールはボレーシュートだと記憶している。スタミナがなく長時間は走れないので、残り15分の限定で次の練習試合にも出場し、左足で得点を決めた。その次の試合では、1アシストを記録した。

たった15分の出場でも苦しかった。シーズンの終盤で僕のコンディションがよくなかったことも事実だが、相手ディフェンスに「おまえ、大丈夫か？」と心配されるほど、息がゼーゼーと上がっていた。最後の試合では、「45分間出てみるか」となったが、やはりスタミナのない僕は動くことができずに何もできなかった。

この4試合で3得点1アシストの記録を残した1か月間のFW体験の意義は大きかった。

走ることが嫌いだった僕は、走らなくていいからGKの道を選んだという不純な動機も心のどこかになくはない。チームには、20メートルの距離を一定の電子音に合わせて往復ダッシュしながら持久力をテストする「YOYOテスト」というものがあった。規定のタイム内に往復できなくなると脱落していくというテストで、いつもキーパーの中で最初にダウンしていた。だが、この1か月間、フィールド練習をしたことでチームの真ん中くらいの順位に上がるまで持久力が伸びた。やればできる。新しいことをやればフィジカルも成長することも学んだ。

そして最大の収穫は、まるで鏡を見るかのようにFW視点でキーパーを見ることができた点だ。普段、キーパーの視点でしか練習していないが、「どういうふうにシュートを決めてやろうか」とフォワードの視点から練習してゲームにも出た。これまではシュートを止められないことにストレスがかかっていたが、FWサイドからすれば、「このタイミングで、このコースでボールをもらえば、キーパーが誰であっても絶対に入る」というシュートが存在することがわかった。キーパー視点で、なぜ止めらないのかと思い悩み、研究も重ねていたが、FW視点から見れば100%成功というGK泣かせのシチュエーションがあるのだ。

「ここは入っちゃうけど、決めちゃってごめん」

僕は、そういう呟《つぶや》きをしながら何本かのシュートを決めている。

自分が考えていたポジショニングと、相手から見るポジショニングにも、微妙な差があった。「シュートを打つ前に、キーパーにここに来られたらプレッシャーを感じる」「ここに立たれていたらコースが大きく空く」という具体的な事例をつかむことができた。

相手の立場に立ってみれば、見えなかったものが見えてくる。これはビジネスシーンでも多いに活用できると思う。あの部署は、なぜ仕事をどんどん取ってくるんだ。なぜ、あんなに効率がいいんだ。逆に、なぜあの部著は仕事が遅いんだ、僕は頑張っているのに、あいつはなぜ仕事が取れないんだ。というような様々な感情は、会社の中でもあると思う。その時は、僕のFW体験ではないが、まったく違う立場に一度立ってみて視点を変えてみてはどうだろう。新しい価値観が発見できるかもしれない。

このFW体験には後日談がある。当時、名古屋は怪我人が多く、得点力不足が課題だった。最終節には、僕がFWとしてメンバーに入るという話が浮上して、なんとフィールド用のユニホームまで用意されていた。しかし、GKの僕が出場してしまえばチャンスをうかがっている若いFWのメンツがなくなる。結果的には、そういう配慮から僕のFW登録は幻に終わった。後で聞いたところによると、試合前のミーティングで「こうやって点を取るんだ」と、僕が練習試合で点を取ったシーンのDVDを全員に見せたらしい。

この時の体験が、40歳を超えた後に、最後の最後は、FWで楽しくプレーしてみたいという果てしない将来の夢につながっているのかもしれない。楽しくサッカーができるならばFWでなくとも、DFのセンターバックでもいい。ただし、スタミナがなく、激しい運動量に耐えられないので、MFはできないだろうが。

仕事の効率をアップするツール

道具のマネジメントを怠らない

道具のマネジメントは、アスリートにとってないがしろにできないものだ。ビジネスマンが便利なソフトやアプリケーションを探しだして、パソコンにダウンロードする作業は仕事の効率化につながる。テクノロジーの追求は、成功への目に見えないステップになると思う。

サッカーの11人のうち、手を使えて、しかもグローブという道具を使えるのはゴールキーパーだけだ。特殊なポジションだが、道具はキーパーのスキルを助ける大切なアイテムである。神経質な性格ではないが、妥協できない部分は妥協しない。自分が使いやすいような工夫を加えている。

プーマの協力を得て改良を加えたのが、現在の僕のキーパーグローブだ。キーパーグローブは、強烈なシュートで指を痛めないために丈夫なラバー素材できているが、ゴワゴワしていて、指を動かす機能性には欠ける。僕はボールをより確実にキャッチするために、親指部分だけ素材をメッシュに変えている。それにより驚くほどスムーズに指が動くようになった。また、僕は手が小さい方なのだが、それをカバーするために大きいグローブを使おうという発想はなく、逆に、よりコンパクトで締め付けるようなフィット感を大事にする。手首の部分にベルトがあるのだが、僕のそれは、通常のモノより短い。より締め付けやすいように工夫されている。

キーパーグローブは、消耗品で傷むものだ。試合用に新品を下ろし、古くなれば、練習用にするというパターン。Jリーグ時代は、2試合使えば新品に替えていた。ベルギーではピッチが湿っているのでボールも濡れて摩擦が少ないせいか、日本で使うよりも長持ちしている。4、5試合で新しいグローブを下ろすサイクルだ。

スパイクについても、ベルギーに行ってから海外仕様のモノに変えた。ヨーロッパのピッチは、たいがい湿っていて緩い。日本のスパイクでは、グリップ力が弱く、どうしても滑るのだ。スパイクの裏のポイントを数ミリ単位で高めにし、アルミ素材の太いものに替えてグリップ力を強くした。

そういう準備をして臨んだのだが、現地でプレーを続けている間に想定外のことが起きた。12月に入るとピッチが氷点下となって凍結するのである。凍ったピッチを2試合経験したが、普通のスパイクのポイントでは通用しない。踏ん張ることができずに簡単に滑ってしまう。キーパーにとって動きを制限されるのは致命傷だ。凍った時は、トレーニングシューズでプレーすればいいと聞いたことがあったが、その時は準備ができていなかった。

チームメイトに「どんなスパイクを使えばいいんだ？」とアドバイスを求めた。

「普通のスパイクでいいけど、突き刺さるような細いポイントに替えるんだよ。エイジ？　もしかして君は、凍ったピッチでやったことないの？」

彼らにすれば、凍ったピッチなど当たり前のようだったが、僕は「日本で凍るなんてなかなかないよ」と苦笑いで答えたことを覚えている。

そのアドバイスを聞き入れて、ピッチに刺さる釘《くぎ》のような細めのポイントに替えて対処した。寒さで体が冷えて動きに影響が出ないように、インナーを何枚か増やして厚着もした。チームメイトらは、もう寒さには慣れていて中には半袖《そで》でプレーしている選手もいた。幸い、道具への準備を怠らなかったため、凍ったピッチに滑って足元を取られミスをするということはなかったが、下半身への負担が増した。

これもまた僕にとっては初体験だった。環境に順応することの大切さを思い知った。Jリーグでプレーしていれば、決して経験することはなかっただろう。海外でプレーする意義は、こういう部分にもあるのかもしれない。

第10章　豊かな社会にするためのマネジメント

東日本大震災で考えたこと

一過性のボランティア活動では意味がない

2011年、3月11日、14時46分。

その瞬間、ベルギーにいた僕は日本で起きたことを何も知らなかった。朝起きて、いつものようにホームページに届くメールをチェックしていた。その中に東日本大震災のことを伝えてくれるメールがあった。僕は、すぐにインターネットサイトを開いた。そこには、断片的に大地震と津波の被害が報じられていたが、詳しいことは何もわからなかった。インターネットで日本のテレビを見ようと思ったが、なぜか、つながらなかった。なんとか日本のラジオにはつながったが、そこからも詳しい情報は伝わってこず、緊急速報を示す不気味な音が続いていて、ただならぬ事態が起きていることだけは感じ取れた。

すぐに埼玉に住む両親の元に電話をしたがつながらない。その日は、午後からの練習だったので、午前中はずっと連絡し続けた。たまたまスカイプで、マネジメント会社のりゅうさんとは連絡が取れて、地震の規模や津波のことなど、おおまかな話は聞いたが、不安は増すばかりだった。練習場に向かうためアパートを出る寸前に、ようやく両親と連絡がついた。家族の無事は確認できたが、何が起きているかが本当にわからず、日本のことが心配で心配でたまらなかった。

本当は、この時の僕の心情については、あまり書きたくない。サッカーの練習どころではなかったし、試合にも出場できそうにないほど僕は混乱していた。だが、そんなものは被災者の方々の苦労に比べれば文字にするようなことではない。母なる国が、危機的状況になっているのに、自分はベルギーでサッカーをしている。僕の辛《つら》さなど被災者の方々の辛さの比ではないのだ。僕は、ただただ、被害にあった方々に哀悼の意を表し、これ以上、被害が広がらないことと、助かった人々の無事を祈ることしかできなかった。

1部残留争いの真っただ中にあったリーグ戦は、残り2試合になっていて、そのロケレン戦が、震災の翌日にあった。試合前に日本の大惨事について知っていたソリエド監督からは「難しいことはわかっているが、今はとりあえずサッカーのことだけを考えろ」と言われた。しかし、その言葉は慰めにもならなかった。その試合は1－1で引き分けたが、僕の心はそこにはなく、とても試合どころではなかった。僕は、一人でも無事であることを祈ること、そして何ができるかを考えることしかできなかった。

小さなニュースでいいから届けたい

震災の直後からマコ（長谷部）とは情報交換をしていた。僕たち海外組にできることはないだろうか。何か海外組が集まってアクションを起こそうじゃないかという話をした。それは小さなニュースかもしれないが、明るい話題をヨーロッパから日本へ届けたいと思った。今まで僕は、たくさんの人たちに応援してもらい、パワーをもらってきた。今度は、僕がパワーを送らねばならない番だ。「サッカーをするのが辛い」などと言っている場合ではない。自分がサッカーをすることで小さな勇気や希望が生まれるきっかけになればいいと思った。

シーズンが終わって5月の下旬に帰国すると、僕は被災地の宮城県に二度、足を運んだ。一度目は、マコやオカ（岡崎）らの海外組9人での訪問だった。名取《なとり》市でサイン会を行い、岩沼《いわぬま》市の玉浦《たまうら》小学校では子供たちと一緒にボールを追いかけた。二度目は、マラソンの高橋尚子《なおこ》さんらと仙台市の東宮城野《ひがしみやぎの》小学校を訪問して、鬼ごっこなどをして遊んだ。地震から少し時間が経過していたので、子供たちには笑顔があった。前を向いている人もいたが、まだ気持ち的に大変なんだろうと思える人もいた。自分たちができることは何かと考えて被災地に足を運んだが、もっと継続して応援していかねばならないことを実感した。

現地を訪ねることでほんの少しの元気は与えられたのかもしれない。喜んでくれる笑顔を見るだけで、僕にとっても意味のある時間だった。しかし、そういう一過性のことだけでは何も解決しないことはわかっている。喜んでもらっている姿を見るのは嬉《うれ》しいが、それが自分たちの自己満足で終わってはいけない。

僕らはプロのサッカー選手だから、サッカーを通して元気を与えることに意義はないとは言わない。しかし、一人の人間として、一人の日本人として、感じることをもっと行動に移していかなければならないとも思っている。海外に住んでいることで、できることにも限界はあるし、もどかしさはある。自分にできることが何であるかもわからない。でも笑顔で前を向くためのきっかけだけでも、伝えることができればいい。小さくてもいい。笑顔をつなげることを手伝うことができればいいと思う。

お互いが前を向くきっかけを作る

アスリートが社会に対して何ができるのかということをテーマに、僕は社会貢献活動にずっと取り組んできた。海外ではアスリートの社会貢献は、ある意味、日常だ。どんな企業であれ、その企業理念には、利潤追求だけではなく、社会のために何ができるかということが盛り込まれている。社会のために、人のために何ができるか。その理念は、プロアスリートはもとより社会活動をする人々全員に共通している。

ベルギーでは、シーズン中に地域の活動に駆り出されることがJリーグ時代よりも多い。そして、選手の誰もが積極的に参加している。チームは地域に支えられているという意識が強く、その地域社会への還元行為として、子供たちへのサッカークリニックや障害者のイベント参加などを盛んに行っている。僕も、そういう活動に参加しながら大いに感化された。

プロのサッカー選手だからこそ人のためにやれることがあるだろう。しかし、アスリートだから何かを与える、与えたいという考えはない。

「お互いが、ポジティブに明日の明るい未来を考える」

「お互いが、頑張ろうと思う」

「お互いが、笑顔になれる」

僕は、「お互い」というキーワードにこだわって、きっかけ作りができればいいと思っている。例えば、何かしらのハンディキャップを抱えながらも、前を向いて頑張っている人と触れ合えれば、僕も自分の目標に向かって頑張りたいと思えるのだ。

数年前に「お互いが楽しみ、お互いが成長するためのきっかけ作りの場所を作りましょう」というコンセプトを「ユニバーサル・フットボール・ジャム」という一つの活動にしてスタートさせた。障害者、健常者、アスリートの三者が、一緒になってフットサルを楽しんだり、ブラインドサッカーを体験したりするチャリティイベントで、東西に場所を変えながら、年に何回か開催し、多くの方々に参加してもらっている。

サッカーを通して、普段、触れ合うことのない人たちが、共にボールを蹴《け》るだけで、みんなが笑顔になれる。そこにサッカーがあるから。

直樹君との出逢い

アスリートが持つ無限のチカラを僕自身が感じることがあった。川崎時代の尻無濱直《しなしはまなお》樹《き》君との出逢《であ》いだ。直樹君は、ずっと川崎のサポーターで、個人的には僕のファンで、毎試合、スタジアムに来て応援してくれていた。ある時、サポーターの代表の方からクラブを通じて「川島選手の大のファンで、いつもスタジアムに応援にきている子が、骨《こつ》肉腫《にくしゅ》という難病と闘っています。今、治療のための人工関節を入れる大きな手術を前にしているので、勇気づけるための応援のビデオメッセージをもらえませんか」という話があった。それが、当時、中学1年生の直樹君だった。僕は、「ビデオレターなんかじゃなく、迷惑でなければ直接病院に行きます」という話をした。

2008年7月13日、僕は、直樹君が入院している病室の前で、公式ユニホームに着替えてから部屋に入った。ベッドに横たわる直樹君を前にして、最初は、なんと話しかければいいのかがわからなかった。何も悪いことをしていないのに、ある日、突如として50万人に一人と言われる病魔に襲われ、今まで大好きだったサッカーを取り上げられる。そんな直樹君の境遇を考えると、不覚にも言葉がみつからなかった。

僕がベッドに近づくと、逆に直樹君の方から笑顔で「こんにちは」と話しかけてくれた。励ますのがどちらなのかがわからないような光景だった。

直樹君は、僕のすべてを知っていて、僕がPKを止められなかった試合の話などをした。1時間くらいが過ぎただろうか。僕は、ユニホームを脱いで、そこにサインをした。そして、直樹君と、一つの約束をした。

「必ず最終戦までに良くなってフィールドに見に来てね」という約束だった。

手術や副作用があると言われている治療は、とても辛いものだったと思う。しかし、直樹君は、奇跡的な回復を見せた。医師は、「常識では考えられない」と言っていた。生きがいや楽しみを見つけると免疫力が増し、奇跡のように治ることがあるとも聞く。直樹君は、それから3か月後、本当に最終戦に退院が間に合い、スタジアムに応援に来てくれた。

僕は、自分で何かをできる、何かをしたいというより、きっかけを作ることができればいいなと思っていた。その考えは、今でも変わらない。だが、実際に目の前で起きた奇跡体験を通して、アスリートには自分ではわからないチカラがあることを思い知らされた。

僕は希望を捨てず、病に負けなかった直樹君から、勇気のチカラというものを教えられた。そのチカラがあるならば、今後も前向きになるためのきっかけ作りは続けていかねばなるまいと決意した。直樹君とは今でもメールでの交流は続けている。本当に元気になって、普通に学校生活を送ることができているという。

川島シート誕生の理由

アスリートが社会のためにできること

社会が豊かになるためのお手伝いができればいいと考えて、数年前から「川島永嗣招待シート」というものを始めた。川崎のホームスタジアムである等々力競技場の15席を「招待シート」として買い上げ、川崎市サッカー協会の第4種委員会（小学校のカテゴリー）の方々と相談しながら、地域のサッカー少年団の子供たちを招待しているものだ。川崎時代は、試合前に招待した子供たちと写真撮影やサインをするような触れ合いの時間を作っていた。子供たちも、試合前に選手と直接交流ができれば何らかの影響を受けるだろうし、感動につながるのではないかと考えて計画した。試合後だと、試合の勝ち負けによって自分がどんな状態になっているかがわからない。負ければ不機嫌になり、フラットな状態で子供に会えないかもしれない。それが原因で子供たちがサッカーを嫌いになってしまったら、夢を与えるどころの話ではなくなってしまう。そういうことを考え、クラブや監督の了承も得た上で、試合前に触れ合う時間を作ったのである。

川島シートの子供たちとの試合前の交流時間は毎回楽しかった。本来ならば試合前は集中力を高める時間なので、その時間帯にファンと交流することには抵抗があった。しかし、子供たちが喜んでいる姿を見ると自分のモチベーションも高まった。非常に気持ちよく試合に入れたのだ。思いのほか負担はなく、逆に自分が招待しているから、「いい試合を見せなきゃいけない」とも考えた。自然と、僕の中にも普段とは違う責任感も生まれた。

子供の頃、浦和レッズの練習場が自宅から近いこともあってサッカー仲間と共によく練習の見学に行っていた。小学校5、6年だっただろうか。シノギを削っていた2人の守護神、土田尚史《つちだひさし》さんと田北雄気《たきたゆうき》さんもいた。ミスターレッズ・福田正博さんに、望月《もちづき》聡《さとる》さん、野人こと岡野雅行さんもいた。サインペンと色紙を持参してサインももらった。練習に行ってみて、憧《あこが》れを抱き、今度は、実際にスタジアムでプレーを見て、さらに感激が増してエキサイトした。そして、プロサッカー選手という夢を抱いた。その自らの体験が、川島シートの設立につながっている。

あの時、僕が感じていた思いを、同じように今の子供たちに抱いてもらえれば嬉しい。そういうきっかけを与えられるのならば、シートを作って招待したいと考えたのだ。

川島シートは、現在でも、そのまま等々力競技場に残している。サッカーを通してたくさんの人からパワーをもらっている。それを還元していきたいなという気持ちである。

ボーダーのない笑顔

その日、僕は二度泣いた。試合の前と、試合の後に。

現地時間2011年3月19日、1部残留争いのかかっていたクラブ・ブルージュとの最終戦。ホームのマールテン・ステルクスのスタンドのあちこちで日の丸が揺れていた。後から聞くとそれは8000枚にものぼったそうだ。クラブとベルギーのリールセの人たちが、東日本大震災に見舞われた日本を勇気づけるために用意してくれた日本の国旗だった。

僕の視界は、涙で霞《かす》んだ。人の命はサッカーより尊い、そしてサッカーには尊い命にかかわる大切なチカラが備わっている。1部の残留争いのかかった大事な試合を前にして、僕は溢《あふ》れる涙を止めることができなかった。

サッカーには、人の心を一つにする力がある。

今後、僕の社会貢献活動は、新しいことをやるというより、もっと、いろんな人を巻き込む方向で進めていきたい。僕も他の人がやっている活動に参加していきたい。マコ（長谷部）は、2011年6月に故郷の藤枝《ふじえだ》でチャリティイベントを開催していたが、「藤枝でイベントをやるから来てよ」「こちらのイベントにも顔を出して！」というような交流があってもいい。

海外組の多くの選手は、社会貢献活動に力を入れているが、お互いが飛び入り参加して交流しながら、その輪が広がっていけばいい。そういう交流の中で、まだ社会貢献活動がどういうものかがわからず二の足を踏んでいる若い選手が、「今度は自分でやってみよう」と、考えてくれるならば最高の形だ。

若い選手も、みんな興味は持っていると思う。ただ、なかなか、踏み出すきっかけがなかったりもする。僕がそうだった。そういう選手を巻き込んでいければと考えている。

僕は、最終的に「サッカーで世界平和」とまで大きくは考えていない。社会貢献という活動には、最終ゴールも、こうしなければならない、こうならねばならないという型にはまった公式のようなものもないのだ。みんなが何のボーダーもなしに笑顔になれればいいなあと願うし、豊かな社会にするためのマネジメントというより、きっかけ作りをすることで、その輪が広がっていけばいい。

それが、僕の未来永劫《えいごう》続いていく、社会貢献活動の小さなポリシーのようなものである。

エピローグ

2014年ブラジルワールドカップへの戦いが始まった。先輩たちが積み上げてきた歴史のおかげで、今ではワールドカップに出場することは当たり前と捉《とら》えられているが、僕は大きなチャレンジの始まりだと思っている。日本のサッカーは、確実に進歩しているが、南アフリカのワールドカップでのベスト16という結果を超えることは簡単なことではない。アジア3次予選の日本と同じグループに入った相手は、北朝鮮、ウズベキスタン、タジキスタンの3か国。現地で、記者の方に抽選結果を聞かされた僕は「簡単な闘いではない」と思った。アジアの闘いでは何が起こるかわからないのだ。

世界の様々な国で様々な人種のプレイヤーが切磋琢磨《せっさたくま》を繰り返し、日々、新しいサッカールネッサンスを起こそうという努力が続いている。世界のサッカーは、日々進歩しているのだ。だからこそ僕らに立ち止まっている時間などない。たとえリスクを背負ってでも成長していこうとする姿勢が大切だと思う。

2011年の夏、僕は、ベルギーの自室のソファに座って日本女子代表のワールドカップの闘いをテレビで見ていた。開催国であり、強い自国リーグを持っているドイツとの準々決勝を制して、準決勝では自分たちのサッカーをしてスウェーデンに勝ち決勝に進んだ。決勝では、我慢のサッカーを強いられながらも、世界ランキング1位であるアメリカを相手に最後の最後まであきらめなかった。PK戦の末、初めてのワールドカップ優勝を果たした。僕は、6月に帰国した際に交わした澤《さわ》穂《ほ》希《まれ》さんとの会話を思い出していた。

澤さんは、2009年にアメリカで再開したWPSでプレーすると1年で帰国して日本でのプレーを選択した。僕は、その選択を疑問に思っていた。

直接、「なぜ、女子サッカーの先進国アメリカでのプレーを選び続けず、日本に帰ってきたのですか」と聞くと、澤さんはこう答えた。

「アメリカでサッカーをやっていても個人プレーが多くて日本代表に還元できない。日本の良さを生かすには日本でやっていた方がいい」

日本の良さ、すなわち、日本のアイデンティティを求めた結果の行動だった。

男子と女子のサッカーは違う。単純に比較はできないのだが、僕たちが学べる何かが、なでしこのワールドカップの闘いにはあった。アメリカ、ドイツに対して、なでしこは明らかにフィジカルでは劣っていた。しかし、まるで、バルセロナのように小さく正確なパスで崩していく戦術であったり、技術的な部分で相手を上回って結果を残した。これこそが日本人の特長を生かしたサッカーだと思う。日本人のアイデンティティを見せてくれた。

ベルギーの他のゴールキーパーを見ていても技術的な刺激を受けることも多い。ベルギーチャンピオンだったゲンクの19歳のゴールキーパーは、その活躍が認められてチェルシーに移籍した。目の前で一つのサクセスストーリーを見せつけられ、これ以上の刺激はない。僕のチャレンジも、まだ始まったばかりだ。自分の殻を、そして日本人のゴールキーパーとしての殻をどこまで破っていけるのか。

現在、僕を含めて多くの日本人の選手が、欧州を中心に海外でプレーしている。しかし過去には、海外で日本のサッカーが認められていなかった時代があり、カズさんやヒデさんら多くの先輩たちが、この道を切り開いてきてくれたと思う。自分たちの能力の限界に挑戦し、その努力こそが日本のサッカーの未来になると確信している。だからといって、それがすべてではない。Jリーグのレベルも確実に進歩している。日本人の素晴らしい向上心には、海外組、国内組というような境はない。世界で勝つためには、海外でプレーしている選手も、国内でプレーしている選手も、現状に満足することなくさらに高いレベルを目指していかねばならない。そして、なによりそこに、なでしこJAPANが示したような日本人というアイデンティティがあるべきだと思う。それこそが日本のサッカーの強さにつながり、日本の新しいサッカーの歴史を司《つかさど》っていく。

人生は平坦《へいたん》ではないかもしれない。でも、これから先に新しい経験が待っているかと思うと、本当にワクワクする。そのために、まずは未来の景色を思い描くこと。画家が鉛筆で下描きをするように。そして、どんなに苦しいことがあっても、うまくいかないことがあっても、色を塗り続けることをやめなければ、それが一人ひとり違った最高の絵になっていくのではないだろうか。

「Life is Beautiful」

僕が、ブログのタイトルにしている言葉だ。「人生は美しい」とでも訳すのだろうが、僕は「人生って捨てたものじゃない」という自訳をあてて使っている。

何かの取材で「好きな言葉は何か」と聞かれて書き始めた言葉で、確か大宮アルディージャでプロになった頃には、もう使い始めていた気がする。

「Life is Beautiful」という、その題名そのもののイタリア映画がある。1998年のアカデミー賞で3部門を受賞した名作だ。第二次世界大戦中で、幸せな家族が、ユダヤ人の強制収容所行きの悲劇に巻き込まれる物語だが、監督・脚本・主演の3役を兼ねたロベルト・ベニーニ演じる主人公は、その悲惨さを強靭《きょうじん》な愛と想像力で克服し「美しい人生」を自らの手で築きあげていく。いつもユーモアを持って、明るく、希望を失わない。

その映画を見た時に、本当に「人生は捨てたものじゃない」と大きな感銘を受けた。

僕は好きな旅行に度々出かけるが、そこでは、いつもは気付いていないような小さな出来事に、幸せを感じることが多々あった。この本の随所に書き込まれているが、何度も、

KAWASHIMA
1

僕は人生の窮地に追い込まれ、挫折《ざせつ》を味わい、実際に心を折ったこともある。けれど、角度を変えてみれば、悪いことばかりじゃない。時折、小さい幸せが、僕の元にも訪れて、頑張ろうという心境にもなれた。

「人生って捨てたものじゃない」

Life is Beautiful という言葉は、僕の人生観にも近い。

この言葉を押し付けるつもりはさらさらないのだが、好きな言葉と問われれば、この言葉を書くことにしている。自分の人生なのだ。どうせなら、自分の好きな色の人生にしたい。納得のいかない生き方はしたくない。その生き方はきっと美しいものとなるのだろう。

最後になったが、この一冊の本をまとめるのに多くの人の協力をいただいた。マネジメント会社「アンビションアクト」のスタッフには、アイデアをもらい、角川書店の亀井史夫さん、スポーツタイムズ通信社の本郷陽一さんにもサポートをしていただいた。そして、いつも変わらず僕を支え続けてくれている家族へ、この場を借りて、深く感謝の意を伝えたい。

２０１１年夏　リールにて　川島　永嗣

文庫版あとがき

2014。

ついにこの数字が現実的なものになった。

僕は、短いウインターブレイクを今まで訪れたことのないイスラエルで過ごすことに決めた。チームメイトにイスラエル人が何人かいたし、行ったことのある友人に一度は訪れた方がいいという話を聞かされていた。ベルギーからもそう遠くはない。短い期間の旅行には、ピッタリの場所だと思った。エルサレムという歴史上大きな意味を持ち、ユダヤ教、キリスト教、そしてイスラム教が生まれ、それらが混在する街がどんなところなのか、非常に興味をそそられた。旅行が大好きな僕にとって、行ったことのない場所に足を踏み入れることは、新たな刺激をくれる大切な時間でもある。ベルギーに住みヨーロッパがベースになっていることで、日本にいた時とは違った場所にも簡単にいくことができる。昨年のこの時期のオフにも、南アフリカはケープタウンに、リールセで共にプレーしたランス・デイヴィッズを訪ねていた。

今回の旅の目的は、昨夏の7月のヨーロッパリーグ予選から毎週2試合のペースが続いてきたシーズンをここまで戦って、疲れたメンタルや身体を癒すためだけではない。

この2014年という始まりに、自分がさらに先を見据えるのと同じように、歴史を振り返ることで、何か自分自身に通じるものもあるのではないかという気持ちが、この旅の発端にあった。

イスラエルという国は、ニュースで見るような常に戦争が起きている映像とは違い、とても綺麗《きれい》な国だった。整備されて、他の空港と変わらない近代的な建物から出た瞬間、地平線に沈む大きな夕陽が、ちょうど反対側から僕を照らしていた。その土地の歴史、そして人々が、その太陽に照らし続けられてきたように、何かに見つめられているようだった。

これまで、個人的な旅行や、サッカーの国際試合を通じて、いろんな国を廻《めぐ》って来たが、どの場所にも第一印象というものがある。

イスラエルのテルアビブに着いて少しの時間を過ごした僕の第一印象は、人が親切で温かい、だ。街で見る人々の表情、わからないことを尋ねた時の対応。空港から乗ったタクシーの運転手さんは、英語はほとんど喋《しゃべ》れなかったが、片言で一生懸命伝えてくれる姿に妙に信頼感を覚えた。そんな信頼感が旅の中では良くない方向へ進んでしまうこともあるが、困った人は助ける、という一面が垣間見れたと言った方が正しいかもしれない。

オフに入れば、サッカーのことはできるだけ考えない。ニュースもほとんど見ないし、それまで起こった出来事や過ごした時間も振り返らないようにしている。とにかく頭の中を空っぽにして、また、やってくる激しい戦いで最高のパフォーマンスをするためのプラスのエネルギーを蓄える。でも、この旅は違っていた。頭から離れないことがあった。

2014年になったことで、なおさら考え始めたことだ。

ちょうど4年前、2010年南アフリカのW杯を前にしてチャンスを摑《つか》めないと思っていた僕は、次の2014年、ブラジルW杯に照準を合わせて海外移籍を考えていた。遠くに見据えていたその目標が、今、目の前に迫っているのである。

前回のW杯と違い、2014年のW杯に向けては、自分自身が予選からピッチに立ち続けてきた。W杯のアジア3次予選が始まった瞬間から、アウェイの地ではなく、日本で初めてW杯を決めたその瞬間まで、僕はベンチではなく、ピッチの上にいた。

メディアの方々からは、前回のW杯との心境の違いをよく聞かれる。前回は外側からチームを見て、今回はピッチの上でその景色を見てきた。だが、前回と大きく違った感情は、僕の中からは湧いてこない。前回のW杯予選では、試合に出られずに悔しい思いをすることもあったし、スタンドから試合を見ることもあり、自分が、実際にチームの一員になれているのかという自問自答をすることも少なくなかった。

ただ、変わらないことがある。それは、自分が日本を代表して戦う、選ばれた中の一人だということだ。それはピッチに立っていても、そうでなくても変わらない。その一人として、日本という自分の生まれ育った国のために、そのプライドのために、自分の愛するサッカーを通して戦うことができる。僕にとって、それが日本代表という場所であり、W杯という大きな舞台に憧《あこが》れ続ける原点だ。

2013年の夏。コンフェデレーションズカップを終えて、長い長いシーズンを終えた僕は、他の国より毎年早く始まるベルギーリーグの開幕に向けて、早々にベルギーに戻った。ヨーロッパリーグの予選が、7月の中旬から始まることで余計に早く戻らなければならず、日本で短いオフを過ごし、本当にあっという間の出発だった。

W杯に向けたシーズン。一日一日が大切になってくる。新たにヨーロッパリーグへの挑戦ができることもあり、僕は新鮮な気持ちだったが、昨シーズン自分の中に湧いてきた疑問は解消されてはいなかった。「これ以上日本人のゴールキーパーとして成功できるのだろうか」という思いは、その時も抱き続けたままだった。

大きな白い紙に一つの黒い点を書いた時、その大きな白いスペース以上に、黒い点に目が奪われるように、その思いは常に僕の心の中に残っていて、その黒い点は次第により大きなものとなっていく。自分自身を取り戻せないまま、昨シーズンが終わり、コンフェデレーションズカップを戦い切っても、その感覚は残ったままだった。たとえ、結果が出ていない時でも自分自身のプレーができていれば、すぐに次を見据えることができるし、修正すべきところもはっきりと見える。でも、この時は違った。自分が求めるプレーもできなければ、思っているように身体も動かない。周りが理解を示してくれないからこそ、自分は絶対にぶれずに突き進んでいくしかないとわかっていたが、足元をみつめ、どれだけその場にいようと踏ん張っていても、いつの間にか、その足が浮いて、ゆらゆら揺れ、自分の軸がどこにあるのかわからなくなっていた。

ベルギーの中のステップアップだけで、こんなにも違うものなのか。

今までやってきたことでは何も通用しないのか。そんな疑問が頭をよぎる。

日本からベルギーに移籍してリールセでプレーをし始めた頃、ゴールキーパーとしてやらなければいけないことの役割が多く、慣れるのに多少時間はかかった。しかしそれ以上に新しい何かを掴んでいる、そんな実感があった。もちろん、スタンダールに来て、それまで以上のプレーをしなければいけないことはわかっていた。でも、求められるプレーといえば、自分のサッカー観から見れば、ただリスクが高く効率性を欠くものばかり。ハイボールが上がれば、ほとんどがゴールキーパーのボール。DFの裏に出たボールに対しても絶対に出ていかなければいけない。

どう考えても自分の価値観ではゴールキーパーのエリアではないものも、それができないイコール、スタンダールのゴールキーパーとしては不十分。そういうレッテルを貼られていた。では、ここでそれができなければ先はないのか。さらに高いレベルのリーグに移籍するためには、これができないと認めてもらうことはできないのだろうか。僕の中にいつまでも消化しきれない葛藤《かっとう》がさまよう。

それに加え、自分の中にある感覚を理解してくれる人は周りに一人もいなかった。サポーターからは点を取られる度にブーイング。味方からは常に「もっと出てこい！」と言われ、完全に信頼されていなかった。言葉がわかるぶん、チームメイト同士が、影で話していることも大体は理解できる。何より辛かったのは、一番の理解者であるはずのゴールキーパーコーチが、僕を守ることより、チーム内での自分の立場を守ることに忙しかったことだ。僕は、自分の中にある軸が、果たして正しいものなのかわからなくなった。そして、ブレーキは、利かなくなっていった。完全に周りからの信頼を失い、信頼を取り戻すために奔走する。いつの間にか、自分の中でのいいプレー、悪いプレーの境目すら曖昧《あいまい》になっていった。

新たなシーズンを迎えた僕は、満身創痍《まんしんそうい》だった。しかし、状況は変わらない。帰ってから初めてのフレンドリーマッチでは、多くのサポーターがスタジアムに足を運んでいた。

「早く出ていけ！」「おまえはスタンダールに見合ってない！」

頭の上から降りかかってくる言葉は、僕の移籍を願うものしかなかった。そして、さらに追い打ちをかけるように、チームは、もう一人のキーパーの獲得に乗り出す。ヨアン・テュラム。昨シーズンフランスリーグで2位に選出されたキーパーだ。この頃からはチームメイトからも直接、今後どうするのかと聞かれるようになっていた。自分の状態がどうであれ、もうヨーロッパの中でもそういった競争の中で生きていかなければいけないのだ。

ただそんな中、一つだけ僕の中に救いがあった。新シーズンからGKコーチが交代、新しいコーチのジョス・ベックスがチームにやってきた。彼はベルギー代表のクルトゥワやミニョレといった素晴らしいGKを育てたコーチだった。僕は必死だった。ポジションを失うことはできない。W杯に向けても試合に出ていなければいけない。意地でもボールを離さない。練習の中での一本一本が勝負の分かれ目だ。ジョスとのハードな練習をこなし、そして昨年のプレー、改善できる点について話をした。面白いことに、昨年まで誰も理解してくれなかったことを彼は僕に話してくれた。僕は、その時思った。取り戻さなければいけない。失った時間、失ってしまった感覚を。さらに高みを目指すために。

失ったものを取り戻すのは容易ではない。失ってしまった信頼。失ってしまった時間。

失ってしまった軸。失ってしまった自分らしさ。でも、覚悟はできていた。戦う準備も。どんなに時間がかかっても、絶対に取り戻してみせる。そしてその先に、描けなかったその先の風景が必ずあるはずだと。ジョスと最初に話した時にこう言われた。

「おまえはもう30歳だから選手として今までやってきたことを変えるのは難しいかもしれない。でもほんの少しのことでもっと良くなれる」

僕にとって成長するために年齢は関係ない。自分のプレーが向上するためなら何でもする。毎日、フィジカル的に厳しいトレーニングをこなしていたし、試合のウォーミングアップでも、まるでボクサーが試合を終えて戻って来た時のような汗をかいてロッカールームに戻ってくる。今はハードワークをするしかない。メンタル的にも余裕なんてものはなかった。開幕戦の試合前、僕がそんな状態でロッカールームに戻ると、監督が僕にこういった。

「近所の仲間とサッカーをやってくるような気持ちでやってこい」

多分それだけ、その時の僕は余裕がなく見えていたと思う。でも、その言葉を聞いて僕はこう思ったのを覚えている。

「俺は近所の奴らとサッカーしにいくんじゃない。もうあとはないんだ。ここでいいプレーができなければシーズン中ずっとポジションを失うかもしれない。もし運命が自分をそう導こうとするなら、そんな運命は自分の手で変えるしかない」

ベルギーのリーグ戦とヨーロッパリーグの予選を合わせて週2試合のペースが続いたが、僕の気持ちはずっとそんな状態だった。チームは、リーグ戦、ヨーロッパリーグの予選と合わせて13連勝を飾る。歯車がうまく回り始めていた。しかし、ヨアンがチームにいる以上、GKコーチからは、「2試合連続で良くなかった場合は彼を試合に出す」ということを伝えられていた。チームが連勝を飾っても、余韻に浸る時間なんてない。でも常に不安や恐怖心と戦う自分の心に、いつも言い聞かせていた。日本人のGKとして、こんなところで負けていてはいけない。もっともっと上にいける可能性があるんだと。

「オーオー、オーオー、カワシマー!!　オーオー、カワシマー!!」

2014年、ベルギーリーグの終盤戦。1位でプレーオフへ行くための大切な試合。この試合中に、ペナルティキックを止めた僕に、スタジアム中が僕の名前を呼び続ける。それは試合後も続いた。一年前、他のキーパーの名前を呼ばれていた僕が、この全身武者震いするような、スタジアム全体のサポーターの歌声をピッチの上で聞くことを想像できただろうか。

僕は自分らしさを取り戻していた。日々のトレーニングの積み重ねで今まで失っていた感覚を取り戻すことができ、連勝が続いたことも、その連勝に貢献できたこともあって、自信を取り戻すことができた。そして、チームはリーグ戦開幕からスタートダッシュに成功し、首位を走り続けていた。今優勝を決める大きなプレーオフへと突入していく。

ベルギーの特殊なシステムでは、リーグ戦終了後、上位6チームが総当たりをして、1位になったチームが優勝の栄冠を得る。リーグ戦と違って、下位のチームと対戦することもなければ、勝ち点を稼ぐということもできない。本当に撃ち合いの戦いである。ここから優勝に向けた本当の戦いが始まる。一年前にかすんで全く見えなった光景が今、目の前に浮かんでいる。チームを優勝に導くこと。そして、ベルギーで優勝すれば、来年はチャンピオンズリーグへの出場権を手に入れることができる。余裕が全くなかったシーズン当初と違って、今見ているもの、そして考えているものは、さらに先に進むことだけだ。そこに一点の迷いもない。

いつも試合後に取材に来ている日本人記者の方に、どうやってあれだけの批判がある状況を乗り越えられたのかと聞かれた時、僕はこう答えた。

「僕には戻る場所はない。日本を出た時から今もそれは変わらない。だからやるしかないです」

そして、僕の中のもう一つ大きな理由がある。どんなに苦しくても振り返れない、そして切り離せない。それはブラジルでのW杯だ。南アでのW杯に出場できるかどうかわからなかった僕は、その時から、２０１４年のことを頭に描いてきた。その大会が目の前に迫ってきている。そして、ベルギーに来る前に全く線路のなかった方向に進み始めた僕の目の前には、今、自分自身が作り上げてきた線路が生まれ、前に進んでいる。すべてを準備したから、すべてがうまくいくとは限らない。その道程には、予想外のことが起こり、新たな試練が待ち受けていて、ただただ真っすぐ進むことはない。でも、この原点に戻る作業で、僕は、新たな光景を目にしている。うまくいかなくても、時に道がそれても、またさらに先へ進むために新たな準備が必要になってくる。

２０１４年、ブラジルW杯。すべてをかけた戦いになるだろう。そして、日本代表にとって、母国を代表するチームとして、日本人のプレーヤーとして、そのアイデンティティと、プライドをかけた大きな大会になっていくと思う。でも、大切なのは、いつもさらに先を見据えることなのだと思う。日本サッカーがさらに成長そして発展していくために、僕たちは全力を尽くすことになる。それが２０１８年、２０２２年の新たな日本代表を創りだしていくのだ。そして、それが今の僕の目の前に見える光景であり、モチベーションである。だから、僕はこれからも準備し続けていく。先を見据えて、今というこの瞬間を積み重ねて。

２０１４年春　リエージュにて　川島永嗣

本書は二〇一一年九月小社刊の単行本に加筆し、文庫化したものです。

企画協力／スポーツタイムズ通信社
㈱アンビションアクト
写真／村松史郎
スエイシナオヨシ

準備《じゅんび》する力《ちから》

夢《ゆめ》を実現《じつげん》する逆算《ぎゃくさん》のマネジメント〈文庫改訂版《ぶんこかいていばん》〉

川島永嗣《かわしまえいじ》

平成26年 4月25日　初版発行

発行者●山下直久

発行所●株式会社KADOKAWA
〒102-8177　東京都千代田区富士見2-13-3
電話 03-3238-8521（営業）
http://www.kadokawa.co.jp/

編集●角川書店
〒102-8078　東京都千代田区富士見1-8-19
電話 03-3238-8555（編集部）

角川文庫 18510

印刷所●株式会社暁印刷　製本所●株式会社ビルディング・ブックセンター

表紙画●和田三造

ISBN978-4-04-101544-5　C0195

角川文庫発刊に際して

角　川　源　義

第二次世界大戦の敗北は、軍事力の敗北であった以上に、私たちの若い文化力の敗退であった。私たちの文化が戦争に対して如何に無力であり、単なるあだ花に過ぎなかったかを、私たちは身を以て体験し痛感した。西洋近代文化の摂取にとって、明治以後八十年の歳月は決して短かすぎたとは言えない。にもかかわらず、近代文化の伝統を確立し、自由な批判と柔軟な良識に富む文化層として自らを形成することに私たちは失敗して来た。そしてこれは、各層への文化の普及滲透を任務とする出版人の責任でもあった。

一九四五年以来、私たちは再び振出しに戻り、第一歩から踏み出すことを余儀なくされた。これは大きな不幸ではあるが、反面、これまでの混沌・未熟・歪曲の中にあった我が国の文化に秩序と確たる基礎を齎らすためには絶好の機会でもある。角川書店は、このような祖国の文化的危機にあたり、微力をも顧みず再建の礎石たるべき抱負と決意とをもって出発したが、ここに創立以来の念願を果すべく角川文庫を発刊する。これまで刊行されたあらゆる全集叢書文庫類の長所と短所とを検討し、古今東西の不朽の典籍を、良心的編集のもとに、廉価に、そして書架にふさわしい美本として、多くのひとびとに提供しようとする。しかし私たちは徒らに百科全書的な知識のジレッタントを作ることを目的とせず、あくまで祖国の文化に秩序と再建への道を示し、この文庫を角川書店の栄ある事業として、今後永久に継続発展せしめ、学芸と教養との殿堂として大成せんことを期したい。多くの読書子の愛情ある忠言と支持とによって、この希望と抱負とを完遂せしめられんことを願う。

一九四九年五月三日

角川文庫ベストセラー

バッテリー　全六巻　あさのあつこ

中学入学直前の春、岡山県の県境の町に引っ越してきた巧。ピッチャーとしての自分の才能を信じ切る彼の前に、同級生の豪が現れ!? 二人なら「最高のバッテリー」になれる! 世代を超えるベストセラー!!

ラスト・イニング　あさのあつこ

大人気シリーズ「バッテリー」屈指の人気キャラクター・瑞垣の目を通して語られる、彼らのその後の物語。新田東中と横手二中。運命の試合が再開された! ファン必携の一冊!

晩夏のプレイボール　あさのあつこ

「野球っておもしろいんだ」——甲子園常連の強豪高校でなくても、自分の夢を友に託すことになっても、女の子であっても、いくつになっても、関係ない……野球を愛する者、それぞれの夏の甲子園を描く短編集。

グラウンドの空　あさのあつこ

甲子園に魅せられ地元の小さな中学校で野球を始めたキャッチャーの瑞希。ある日、ピッチャーとしてずば抜けた才能をもつ透哉が転校してくる。だが彼は心に傷を負っていて——。少年達の鮮烈な青春野球小説!

猪木詩集「馬鹿になれ」　アントニオ猪木

伝説のベストセラーがついに文庫化。「泣いてみた」「海の守り神」「眠れぬ夜」「英雄」「心の扉」など38編に加え、新作7編を収録。世界一強い男のピュアな内面が繊細な筆致で表現された傑作詩集。

角川文庫ベストセラー

中卒の組立工、NYの億万長者になる。　大根田勝美

中卒の組立工として社会に出た著者は、猛烈な努力で米国駐在員に抜擢され、営業マンとして大成功。その後、10社以上の会社を起業、億万長者となる。嘘のような真実の物語。巻末解説は水村美苗氏。

煩悩フリーの働き方。　小池龍之介

私たちが抱えるストレスの多くは仕事に原因があります。職場の人間関係や課せられるノルマ、その仕事自体のつまらなさ……悩めるあなたに若き僧侶が精神的手習いを語ります。「明日がイヤだ」と言う前に。

歓喜の歌は響くのか
永大産業サッカー部　創部3年目の天皇杯決勝　斎藤一九馬

例えば今、田舎のサッカーチームが創部3年でJ1優勝争い、もしくは天皇杯決勝に進むといった話はあり得るだろうか？　1975年元旦。国立競技場ではそんな奇跡がまさに起きようとしていた——。

ロスタイムに奇跡を
日本代表選手たちの真実　小宮良之

本田圭佑、長谷部誠、大久保嘉人……彼らはいかに自分と向き合い、勇躍することができたのか。世界で勝負を続けてきたサッカー日本代表8人の素顔と本音に迫った渾身の密着ドキュメント。

この腕がつきるまで
打撃投手、もう一人のエースたちの男の物語　澤宮優

日本にしか存在しない職業、打撃投手。イチロー、松井秀喜、清原和博、王貞治、長嶋茂雄……プロ野球に輝く大打者の記録とチームの栄光。全ては彼らと共につくられた!!　喝采なきマウンドに立つ、男達のドラマ。

角川文庫ベストセラー

導かれし者
流浪のストライカー、福田健二の闘い
小宮良之

母が残したたった三行の遺書を支えに、男は海外にこだわり、孤独なストライカーとして人生を賭けて闘ってきた。サッカー福田健二選手と、彼を支えた家族の絆を描いた、壮絶ストーリー。

ピンポンさん
城島充

日本卓球界の伝説の男、荻村伊智朗。人生のすべてを卓球に捧げた世界のオギムラの波瀾万丈の生涯と、彼を陰でささえ続けた一人の女性の日々を重ねて描ききった、珠玉のノンフィクション。

グレートジャーニー 人類5万キロの旅 全五巻
関野吉晴

「グレートジャーニー」とは、東アフリカで誕生した人類が、アジアを経て南米南端に辿りつくまでの5万キロの旅路。過酷な自然や文化の違いをものともせず、地球を自らの足で歩んでいく筆者の壮大な旅の軌跡。

DIVE《ダイブ》!! (上)(下)
森絵都

高さ10メートルから時速60キロで飛び込み、技の正確さと美しさを競うダイビング。赤字経営のクラブ存続の条件はなんとオリンピック出場だった。少年たちの長く熱い夏が始まる。小学館児童出版文化賞受賞作。

スローカーブを、もう一球
山際淳司

ホームランを打ったことのない選手が、甲子園で打った16回目の一球。九回裏、最後の攻撃で江夏が投げた21球。スポーツの燦めく一瞬を切りとった8篇を収録。

角川文庫ベストセラー

ウォーターボーイズ　矢口史靖

コメディーの旗手が贈る、ひたすら楽しく、最高に笑えて、最後に泣けちゃう、男のシンクロナイズド・スイミング映画の原作。監督のイラストも満載の豪華企画。

夢をつなぐ
宇宙飛行士・山崎直子の四〇八八日
山崎直子

スペースシャトルの事故を目撃した中3の女の子は、宇宙に行く決意をする。亡くなった女性宇宙飛行士の夢を受け継ぎ、叶えようと奮闘する日本人2人目の女性宇宙飛行士。感動のノンフィクション！

人間はどこから来たのか、どこへ行くのか
高間大介（NHK取材班）

現在、科学の最先端の現場で急激な展開をみせるテーマ「人間とは何か」。DNA解析、サル学、心理学、言語学……それぞれのジャンルで相次ぐ新発見の数々。目から鱗、思わず膝を打つ新たな「人間学」。

女と男
～最新科学が解き明かす「性」の謎～
NHKスペシャル取材班

人間の基本中の基本である、「女と男」――。それは未知なる不思議に満ちた世界だった。女と男はどのように違い、なぜ惹かれあうのか？　女と男の不思議を紐解くサイエンスノンフィクション。

金メダル遺伝子を探せ　善家　賢

世界トップアスリートのDNAを集めた英国研究者の調査等で「金メダル遺伝子」とも呼ぶべき遺伝子の存在が明らかになった。最先端の科学技術はスポーツ界に何をもたらすか？